孙佳丽·著

致敬安财

在安徽财经大学会计学院的日子

合肥工业大学出版社

序一

榜样的力量

深入贯彻落实全国高校思政工作会议精神，加强和改进新形势下思想政治工作，是学校的一项重大政治责任。高等学校要紧紧围绕立德树人根本任务，牢牢抓住学生和教师这两个主要群体，在强化党的领导主心骨、马克思主义主旋律、意识形态主导权、思想文化主阵地、课堂教学主渠道、思政工作主力军、网络舆论主战场的同时，聚焦深化教书育人、科研育人、实践育人、管理育人、服务育人、文化育人、组织育人的工作主线，抓方向、抓核心、抓重点、抓主体、抓校风、抓责任，共同推进思想政治工作融入教育教学全方位全过程。学校各级党组织要把思想政治工作和党的建设工作结合起来，使思想政治工作成为每位师生员工的思维习惯，成为每位领导干部的价值追求；把思想政治工作与学校各方面工作更好地融合起来，将育人目标和各项工作相互贯通、协调并进、创出成果；把立德树人、规范管理的严格要求和春风化雨、润物无声的灵活方式结合起来，把党的工作做到师生心坎上，使学校始终充满积极向上的正能量，抢占主阵地，打好主动仗，唱响主旋律。

党的十九大报告中也强调：全面贯彻党的教育方针，落实立德树人根本任务，加强社会主义核心价值观教育，“培养德智体美全面发展的社会主义建设者和接班人。”诚然，高校各项工作皆应围绕“育人”这一主线，学生工作中的资助管理工作理应如此，资助育人目的就是培养青年学生全面发展，让受助学生同样享有人生出彩的机会、同样享有梦想成真的机会、同样享有同祖国和时代一起成长和进步的机会，并且能够感恩社会、回馈社会。在长期的学生资助工作实践中，不仅要给予家庭经济困难学生必要的经济资助，更要紧紧围绕“培育和践行社会主义核心价值观”“立德树人”这一核心和根本任务，强化德育教育和精神激励，促进他们克服困难，奋发图强。资助育人工作就是要围绕立德树人、育人成才来谋划、改革和发展资助，激发学生的内生动力，促进学生在国家资助政策的关怀下成长。

多年来，安徽财经大学一直高度重视大学生思想政治教育工作，注重发挥资助工作的育人功能。本书作者孙佳丽是安徽财经大学会计学院的优秀学子，她以自己特有的方式在临近毕业之际向母校告别，正是学校多年来学校思想政治工作和资助工作育人的可喜成果，也是学校将思想政治工作融入毕业生文明离校全过程的具体表现。临近毕业之际，孙佳丽同学的《致敬安财》这本“九万言书”，这份最美“心灵鸡汤”字里行间无处不透露着其对母校老师的感恩，对学弟学妹的期许，对大学生活的怀念、对未来生活的向往，不愧是一部鲜活的践行社会主义核心价值观的生动教材。

感谢孙佳丽，感谢这份最美的毕业礼，感谢学子对母校的深深情意。

祝福孙佳丽！祝福每一位安财人！祝福安徽财经大学！

安徽财经大学党委常委、副校长 

2017年11月18日

序二

致安财新生

孙佳丽

大家好，很高兴能够以这样的方式，打破时空隔离，来迎接安财最新的你们。经历了高考的洗礼，还有超长暑假的狂欢，相信现在的你们已经开始打点行囊，期待、好奇而又有些许担忧。你们心中肯定有无数疑问：大学是怎么样的？安财是怎么样的？今晚很荣幸能够陪你们一起，以一个学姐“过来人”的身份来回味分享四年的大学时光。

首先，大学生活是全新的。从见到的人，所在的环境到经历的事物，都是一番新的天地。而面对全新的生活，一要有所期待，二要尽快适应，三要有所行动，有所作为，有所成就。新的起点，需要用归零心态清空过去，理性地面对当下，无论你是超常发挥，喜得佳绩，还是发挥失常，结果不甚理想，都应该在新的起点用力奔跑。另外，大学是一个更为广阔的平台，比大家所意识到的更为自由，选择更多，它为你的未来提供无限可能，专业众多，课程丰富多彩，学生社团形式各异，课余活动类型多样。在这样一个真正可以追求自己所爱、用心投入自己所想、全面提升自身综合素质的地方，一定要珍惜时光、做好规划、不畏失败、勇于尝试。

其次，从职业生涯发展规划而言，如果说大学的“入口”只有一个——高考，那么大学的“出口”可谓选择众多，针对安财这类财经类院校，毕业之后基本有读研、就业、出国三大方向。

读研又可以通过考研和保研两条途径得以实现，相信考研对于大家并不陌生，相当于又一次高考，在初试的统考中披荆斩棘，在复试的拼杀中出类拔萃。然而，保研是学校为大家提供的实现研究生梦想相对“轻松”的一条道路，其中大部分是依靠同学们在校期间的积累，学习成绩、奖学金、荣誉、比赛、科研项目、社会实践等各个方面的积累，所以如果想要保研的你，有必要从大一开始做好规划。

我所学的是审计专业，对于我校大部分财会专业学子而言，就业方向主要有会计师事务所、银行、公务员、国企和其他私企。事务所主要是从事审计工作，也有少部分从事咨询工作，并不是只有审计专业的同学才能够从事，事务所的人才会来自各行各业；银行和公务员一般都需要经历统一的考试才能够进入，需要有一段提前的备考时光；进入国企和其他私企主要是从事会计或者内审岗位。

出国留学一般都需要雅思或者托福成绩，另外就是凭借个人的履历进行申请。

无论是哪种就业方式，都需要打牢专业基础，提升综合素质，若能够利用寒暑假时间进行一些相关行业的实习，对于职场和工作的感知会更为明确。

最后，对于大学生而言，学习仍然是主业，是关键性的基石。毕竟大部分学子都是要以所学的专业作为今后就业的“饭碗”，所以在大学时期积累专业知识和提升专业能力非常重要。安财的奖助学金体系非常完备，除了录取通知书中小册子介绍的国家奖学金、国家励志奖学金，还有校级奖学金，基本覆盖考试成绩、综合素质、德智体等各方面的评比，另外，还有企业奖学金；从助学金的体系来看，除了小册子中的国家助学金，还有企业助学金。从关键因素来看，这些奖助学金的取得很大程度取决于你的学习成绩和综合素质。所以，对于经济有压力或者追求大学经济独立的你，这样的“财务规划”应该纳入你的思考范围。

鉴于时间关系，关于考证、入党、校内任职、学生社团、兼职等大学生活的方方面面，可能来不及给大家做详细的交流，我个人的原则就是“多尝试、多参与、多体验”。其他内容在我毕业所撰写的《致敬安财》里均有详细的讲述，也欢迎即将步入大学校门的你们积极关注。如果有任何疑问或者需要交流的地方，也可以随时联系我本人，必定知无不言。

安财欢迎你们的到来！愿你们在这里度过愉快充实的大学生活。

2017 年 11 月 16 日

目录

第一部分 个人大学经验分享篇

安徽财经大学党委常委、副校长程刚教授在毕业典礼现场勉励孙佳丽

一、学习与成绩

一纸成绩单，积淀的是专业知识和学习能力，会是很多人毕业求职深造读研的敲门砖。个人始终认为，学生的天职和本分就是学习，如若不能完成自己的使命，则白来大学行走这一程。

（一）你了解会计学院的专业吗

大学教育与小学、初中、高中教育的根本区别在于其培养目标的针对性所体现出的专业性，加之根据爱好兴趣抑或个人擅长不同而有所选择，从而“术业有专攻”。作为会计学院的一名学子，无论是会计、注会、财务管理、审计还是 ACA 哪一门专业，注定我们在大学乃至今后的职业生涯都被贴上“会计人”这一标签。会计学院开设的各个专业既有财务和会计的基础专业课，又有从各自的专业性质和发展方向以及职业需求提供的更有针对性和特色的专业课程。总之，只要你用心，只要你努力，会计学院的课程设置都为我们提供了一个充分学习、全面发展的平台，为今后的职业生涯以及深造读研奠定一个良好的基础。

现在部分年级学弟学妹入学时属于大类招生，大二后进行专业分流，这就需要各位对专业有一个较为清晰的认识，从而科学规划大学生活，为今后的职业生涯打下良好的基础。

1. 会计专业

会计专业是会计学院最为基础的专业，也是学校的“金字招牌”。目前 8 个班加 2 个转专业班，可谓是精英荟萃。从前期学习而言，会计学专业开设的专业课基本为会计学院所有专业所开设，但是后期学习则会发现，会计专业更注重于深层次和特殊会计知识的学习、理解和掌握，并包括一些专业限选课，例如：行业企业会计等，独为会计专业学子享有。

2. 注会专业

注会专业，全称为“会计学（注册会计师方向）”，带上注册会计师这高大上的标识，瞬间吸引力爆棚。目前每个年级设置 4 个班级，学院为该专业设置的专业课程也很注重培养学生在注册会计师行业所需的知识和能力，例如税法课作为注会专业的“特色菜肴”是作为必修课出现的，这是不为其他专业所拥有的。

3. 财务管理专业

财务管理专业目前每个年级开设 5 个班级。这个专业的学子尽显财务和管理的双重气质，个人认为这是一个财务总监的摇篮，相较于会计专业最基本的各种分录和报表，这里的课程充满了资金、模型、策略等，更加彰显财务在管理方面的重要作用与魅力。在后期，中级财务管理、高级财务管理都是该专业独有的课程。

4. 审计专业

审计专业目前每个年级设置 3 个班级。作为一名审计专业学生，我由衷地热爱着自己的专业并为之骄傲，总觉得自己的专业学习是为会计师事务所专门设置的。在纵览会计和财务管理专业课程的魅力之后，本人深深沉迷于审计学、财务审计课程不能自拔，因为教材实在太厚了，文字实在太多了，莘莘学子得到一个共识："每门课都有自己的重点，至于审计，你还是从第一个字开始看吧。"足以见得审计的魅力之大，令我们沉迷其中难以自拔。大多数理科生认为纯文字的书本枯燥无味，没有分录来得实际，但作为我们的专业特色课程"财务审计"将事务所的审计流程尽收其中，这难道不是一场绝妙的享受吗？

5. ACA 专业

ACA 全称"英国皇家特许会计师"，听闻此专业，一种来自英国皇室的贵族气质扑面而来——专业老师双语教学。目前每个年级只开设 1 个班级，该班级的学生都是学院在学生入学之前精挑细选而来，一般我们在接到安财录取通知书时，里面会夹着这个专业的一个宣传单，在开学初要进行英语测试，经过选拔入班。在自习室认识的一位超级学霸就是来自此专业，我和她相伴同一个自习室三年，"最早来，最晚走，书最多，书最厚"是她最明显的特征。选择此专业要考虑三点：一是经济基础，毕竟学费较其他专业高；二是求职方向，该专业所涉及的都是英国会计的准则，较国内准则有较大差异，在上课过程中对国内会计涉及较少，ACA 班大部分同学基本都会选择出国继续深造；三是个人耐力，从我这位朋友身上可以看出，若想在该专业学有所成，必须付出比常人更多的时间和精力，每一本教材都堪比注会的厚度，何况都是英文的专业教材。另外该专业围绕 ACA 证书展开，有三个级别：初级、中级、高级。初级、中级可以在大学期间获得，高级要毕业之后才能考试，另外在此期间必须付诸极大的努力，所以越是高大上的光环，越是需要更多的努力。

无论什么专业，在培养体系中的课程都有着很多相似之处，同时学校也为大家提供了丰富的资源和广阔的平台。

（二）你真的懂我们的课程吗

会计学院的课程开设是集基础课、专业课、选修课以及实验、实践、实习等课程于一体，全面系统，对每一位会计学院的学子都是最为基础和有意义的。

1. 公共基础课

对于公共基础课一定要扎实，除了常规的思想政治、心理、安全、体育等所有专业必备基础课，对于财经类专业，数学、英语、写作三大基础课着实重要。

（1）数学

财会专业的教学课程主要包括：微积分、线性代数、概率论与数理统计，（高数）无论是对于熟练计算能力、培养财经类专业学子对于数字的敏感程度、提升逻辑思维，还是为了今后奠定考研公共课的基础、做科研项目时数据模型的构建、计算过程的推理验算，数学类基础课程对于每一位学子都是非常重要的。打好基础，培养教学思维对于大家的长远发展尤为关键。

（2）英语

大学英语主要分为英语精读和英语听力两大部分，前者是为了培养阅读能力，后者是为了培养听力能力，一方面通过课程强制性的要求，老师授课过程中有益的引导，不仅可以为通过四六级考试保驾护航，还为考研英语（本校的熊老师给考研早期学子英语基础复习专门推荐了4册英语精读）奠定基础；另一方面就是为了让我们保持英语学习的习惯，营造一个良好氛围，搭建一个更高平台。毕竟将英语作为一门语言来学习是一种能力，要依靠日积月累的积淀和环境氛围的交流沟通来不断提升，而学校开设此门课程就意在为大家打造这样一个保持惯性学习和加速前进的平台。

（3）写作

多数人会有一个认知误区，认为财会专业是和数字打交道，肯定属于经济学专业，其实不然，财会属于管理学大家族的一员。而写作课程的学习让我感受到财会作为管理专业的性质，通过撰写商业信件、商业总结报告、基本公函等潜移默化地培养我们的管理思维和报告能力，这是在职场工作中撰写文书、汇报工作等最基本的技能修炼，也是在事务所作为一名审计人员撰写审计报告最基础的训练。

（4）计算机

财会专业的计算机课程包括计算机基础和数据库。虽然在电脑已经广泛普及的今天，各位使用电脑聊天、游戏、上网的能力必然都是炉火纯青，但是你对于最基本的办公软件 office 能够运用得行云流水吗？无论是 Word 的报告功能，PPT 的展示功能，Excel 无所不在的数据处理功能，都是你在作业、社团工作以及走向职场过程中必不可少的助手，尤其对于一个审计人，从 Excel 编制的工作底稿，到 Word 撰写报告，再到 PPT 汇报演示，这些技能你必须毫无理由地提升到高水平。从中财课老师用 Excel 编辑公式计算持有到期投资用实际利率进行摊销的过程，再到 CPA 会计复习过程中经常自己编辑公式进行模式化的计算，都实现了快速准确的计算。另外，强大的数据库不仅可以为你通过计算机二级打下一定基础，还可以培养你编辑公式、大量数据检索的能力。对于日后工作需要电脑技能的你，这些必备的技能必须早日在学校准备的免费课堂上学到手。

2. 专业课

(1) 专业基础课（政治经济学、微观经济学、宏观经济学、管理学、财政学、金融学、统计学等）

这类课程主要为专业课程的学习提供公共基础，为今后专业研究提供最根本的奠基。一方面是宏观知识的储备，例如了解一些经济学、管理学、金融学和财政学的知识能够为学习专业课程提供多角度的分析和理解；另一方面是对研究工具的初步了解，统计学中介绍的很多统计方法是做案例分析和论文研究的有力工具，对于资料的整理和数据的归纳大有帮助。

(2) 专业核心课（基础会计、中级财务会计、高级财务会计、成本会计、管理会计、财务管理、审计学、财务审计等）

这一套专业核心课涵盖了会计、财务管理、审计三个专业的核心课程，非常重要。大学的学习和培养体系围绕专业开展，而专业核心课程就是其内涵。把握住核心即抓住重点，万变不离其宗。无论是参加专业考试，还是求职中的笔试面试，这些核心专业都是必需的基础。

(3) 专业拓展课（相关专业课程：内部控制与风险管理、财务分析、经济效益审计、审计案例等）

作为核心课的有力拓展，对提升专业知识的广度和应用面具有极大的意义。内控课程作为注会中风险与战略的一部分，初次相识，趣味无穷，在各种比赛的案例分析中对宏观环境和企业信息进行内控方面的分析是案例分析的基础；财务分析、审计案例都是对所学知识的最好应用，能够更好地理解如何将所学与实际相结合，将看似冰冷的理论知识融入妙趣无限的案例中去。

3. 选修课

选修课恰恰是一个开阔视野的平台，因为专业课不断提升你的专业知识和专业能力，是在你选择方向后向深处挖掘；而选修课的学习是扩展你的知识面，让你广泛涉猎的各个学科，在这个过程中，通过原有的兴趣爱好加深趣味，通过新的尝试发现兴趣点，不断扩充和丰富自己。

当然你可以有所选择地听课，可以找到适合自己的那种类型老师，但是记住，无论如何，每一位老师身上都有很多值得我们学习的地方。对于不适合自己的老师我们只是彼此的套路不合拍，总之，找到适合你的那一类型就好，千万不要轻视任何一位老师，这是最起码的尊重。

另外，一定要有计划有目的性地进行选择，而不单纯的是为了学分而上课。在看似强制的要求里，你要充分尊重和把握自己的选择权，在丰富多彩的选修课中，我们的每一项选择都有自己的出发点，明确目的才会有所收获。选修课的出发点一般包括以下几类：

① 兴趣爱好：如体育运动、欧美文学、茶艺学等。

② 培养能力：

a 专业所需（如中国经济热点评论等）；

b 就业所需（如商业文书的撰写、商务礼仪、演讲与口才、高级 excel 等）；

c 比赛所需（如数学建模、photoshop 等）；

d 考试所需（如六级英语等）；

e 语言所需（如剑桥商务英语、韩语等）

③ 增长见闻：如各种历史、文字等。

我校的选修课主要依托四个平台：通识、个性化、特色和创新创业平台。

（1）通识选修课

要求至少修读 8 学分，分为法学，文学、艺术与教育学，哲学与历史，自然科学，经济与管理五类，而最后一类会计学院学子因为专业课程已经涵盖，所以不强制选修。

（2）个性化平台

要求至少修读 8 学分，在学校所给的个性化平台里选修课的范围非常丰富，覆盖面也很广泛，你可以随意挑选。

（3）特色平台

要求至少修读 8 学分。特色平台对于专业特色的培养是一个很好的途径。当时恰好选到的是教授自己金融证券法的老师开设的经济法，老师讲课认真细心，通过该课程学习收获颇多，它对初级考试的经济法和对注会考试中的经济法是一个很好的奠基。

（4）创新创业平台

要求至少修读 6 学分，这个模块的课程可以培养自己的创新思维。在创新方法与应用课上，我们的“小翅膀”老师经常让我们“开动智慧的小脑筋，挥动创新的小翅膀”，小到一个妙招，大到一个方案，创新的脚步遍布整个社会。创业基础与案例分析是一门很有趣的课程，一半时间在教室分析创业案例，一半时间在实验室打模拟比赛，“创业之星”这个软件也是很多商业比赛用软件，给你初始资金，通过自己组建公司、招聘员工、购买材料、组织生产、对外销售，最后评比收入利润，真正能够了解到实际中一个公司是如何运营的。

4. 实验课

（1）课程配套实验课（基础会计、中级财务会计、高级财务会计、财务管理、财务审计等）

实验室有对应课堂体系的题库型实验课，主要用于巩固课堂知识，增加练习。一般是任课老师抽出几节课为大家大概讲解一下掌握程度，大部分取决于个人的认真程度和课余时间付诸的努力，实验课的完成率会作为平时成绩的一部分。这部分实验课对于深化和加强专业课知识有重要意义。

（2）会计综合实验课

大三上下学期会开设会计综合实验 1、会计综合实验 2，主要以用友 T3 账套为依托，实验室老师通过从会计综合实验 1 的建立账套，企业账套的基本设置和管理，到会计综合实验 2 的从业务到凭证、账簿，再到报表的实务操作，力求让学生掌握企业会计实务中是如何操作的。会计综合实验 1 侧重于对账套的了解和操作，主要是一些基本的设置，都是强制性的操作要求，上课必须认真听讲，搞清楚每一步的操作，课后反复练习。而会计综合实验 2 更侧重于会计实务的处理，就是解决在企业中发生每一笔业务，你该如何做账，实务性非常强，而且涉及不同的业务种类，就更为考验学生个人对于业务处理的判断。从成本的计算，到期末结账，以及报表的编制，都非常有趣，如果大四实习或者毕业后从事企业财务相关工作，将会对这些曾经的练习很有感触。

（3）审计实验课

“审计之星”，虽然这个系统比较古老，但是对于我们这些审计小朋友而言依然是如此的高大上和神秘，老师通过将课堂上所讲解的审计流程的理论知识搬到实验室，融入审计的实际操作之中，让我们有一丝事务所的感觉。比如通过审计抽样是最能感受到具体审计程序是如何实施的，也最能够感受到应用审计软件对审计效率和准确性的提高。通常是 3～4 人组成一个项目组，模仿事务所的审计流程，通过团队合作，有项目经理，要编制审计计划，实施审计流程，得出审计结论，出具审计报告等，都是课堂上对审计实务和事务所工作内容的一个初步体验，非常有趣。

（4）会计分岗实训、会计基本技能实训等选修课

会计分岗实训是总体了解企业财务系统中不同岗位以及其负责的工作内容，弄清楚角色职责和办事流程是至关重要的。会计基本技能，小到数字金额的大写写法，大到具体业务的账务处理，对于会计实务操作有一个基本的全面了解，在这个课堂上你可以见到古老的手工账簿，亲身实践各种点钞手法，乐趣无穷。

5. 网课

从泛雅到尔雅，学校的网课平台越来越完善。网课作为课堂教学的有力补充，无论从内容的丰富性、时间的随意性、观看的重复性等方面都越来越受青睐。其从时间方面，你既可以选择在学期内又可以选择在寒暑假，只要有网就能上课，主要分为听课、作业和考试，作业的题目不多，考试的难度也不大，都是课内所讲的内容，只要用心听课就行，平时还可以参与讨论和互动。网课只要按照模块选修并通过，所获得的学分和实体课是一样的。

（三）如何开启大学学习的正确模式

1. 基础课用脑学，专业课用心学，选修课用爱学

为了分清轻重缓急，选修课当然可以根据个人的需求来选择；必修

课也可以选择不同的老师和时间。总之，无论什么课程，学习之后肯定都会有所获益，一定要充分利用学校的教学资源充实自己。

2. 专业基础课学扎实，专业核心课学深度，专业拓展课学广度

专业课作为重中之重，一定要好好啃，扎实基础，深入核心，拓展广度，这是毕业论文的基石，是考研的中流砥柱，是就业的饭碗。如果你立志从事该行业，最基本的就是要将专业的理论基础奠定扎实。

3. 懂得课堂的乐趣，珍惜美好的学习时光

大学里最开心、最有意思的课就是专业课，那是高大上的有意思。在高难度的审计课堂上游走，总是听得津津有味，做起事来疑惑不止，但杜建菊老师总能给我们带来审计的无穷乐趣，她也是让我蹭课无止境的老师，爱她的课难以自拔，追着她的税法课、会计制度设计等，还成了她选修课的通知小助手。她不仅有着无限的人格魅力和学术修养，而且讲课一级棒，对待教学也是特别认真，人更是超级有味；座无虚席的中财、高财课，一个小板凳是我最好的坐骑，通道的位置让低下来的身姿更易专注，在裘丽娅老师的课堂上最让我感受到学习的热情和浓郁的氛围；把我称为“那个戴眼镜的课代表”的张子余老师，初听他的课云里雾里、高深不解，再听提升性的总结恍然悟道，很多关于人生的教导，室友买了他口中的《金刚经》，不知今夕修炼得如何；做账的实验课，第一次见手工账的兴奋，第一次点钞的激动，真正体会实务的快乐……

选修课也可以乐趣无穷。一堂欧美文学经典，从古希腊的神话到当代的作品，令人深深陶醉其中，电影和歌剧的穿插常常令人流连忘返；一堂商务礼仪，各种品酒品茶，形态礼仪，不亦乐乎，一大早去品酒，中午冒着酷暑跑到三栋做茶艺，总觉得许晴老师每节课都是最新的期

待；演讲与口才，最用心的选修课老师，完成了自己最激动的演讲，后来才知道那时候的自己病得很重，消瘦易紧张，但徐少华老师却用最专业的思维说我是一个演讲富有情感的人，每天体育课后都酣畅淋漓地在西校树林里期待着即将到来的一场听觉盛宴，她总有无限的激情和魅力；最爱辅导员仲仲，她年轻如我们的姐姐，更是我们人生最好的导师和榜样，她身体力行，待我们如自己的家人，蹭饭礼物必不可少。

佳丽学姐小贴士 >>

1. 选课需谨慎，一定要注意模块和课程号

必修课一般学校都会按专业置入，如果有重修情况一定要选择和原课程号一样的课程；选修课一定要注意所选择的属于何种模块，因为教务处系统中并没有标明该选修课是哪一模块，而最终毕业学分的修满不仅要求总分，还要求各模块必须达到下限，往往还会出现虽然课程名一致，但是课程号不一致的情况。所以，请一定睁大双眼，擦亮眼球。

2. 选择多样化，课程的多样化和老师风格的不同

每个人对于课程的需求不同，对于任课老师风格的喜爱程度也不同，你有权利选择适合自己的老师，学校人性化地为同一课程配备了多名优秀的老师，可谓用心良苦，选择适合自己的一款老师或许学起来会更有动力。

3. 注意每个模块修读学分的下限

按每个模块，少修肯定无法毕业，多修也不会多收费，何乐而不

为？再也没有平台像大学这样可以让你如此方便且低价地获取丰富的知识、交流的圈子，优秀的老师为你提供丰富的学习资源，热情地为你答疑解惑。所以，请收下这份学习大礼包。

4. 学分替代

一般在大四上学期或下学期，学院都会统计学分修读情况（按模块），方便大家及时核算学分的完成情况。必修课除了未过情况导致未获得学分之外，一般都是专业按培养方案集体置入，基本不存在少修和漏掉的情况，关键问题就在于选修课，虽然学分总分很高，但因为修读时所属模块没有搞清楚，导致部分模块没有达到学分下限。此时就要考虑能否进行学分替代，学院有相关文件具体说明哪些课程之间可以互相替换，按照要求的流程进行办理。如果是真的没有修够，就只能及早发现、及早补救了。

二、校内任职

校内任职的岗位有很多，一般分为四类：团学青、社团、班级和学生助理。无论什么岗位，都是一个能够提升能力、结交朋友、营造圈子的平台。学校以素质拓展为目的，致力于通过开展丰富多彩的活动来提升学生的综合素质，通过实施“百千万计划”，即：建立百家社团、开展千项活动、万名学生参与，实现学生社团思想育人、环境育人、情感育人、管理育人的育人效果，逐步营造交流思想、切磋技艺、互相启迪、增进友谊的社团文化氛围。因此，在学校参加活动、担任职位是有必要的，也是只要努力就非常容易实现的。

（一）团委、学生会、青协（校级、院级）任职

团委、学生会、青年志愿者协会一般简称团学青。团学青分为校级和院级，一般而言大一是干事，大二留部之后开始担任副部，大三再留部经选拔后担任部长、会长、主席等。团学青内部部门划分明确，有些是一般的职能部门，如办公室；有些是技术部门，如编辑部。团委主要是配合学校进行各种团建活动；学生会主要是围绕学生展开工作；青年

志愿者协会主要负责组织志愿服务。大家可以根据自己的性情和兴趣选择相应的职位。

（二）社团任职

学校的社团种类繁多，活动内容更是丰富多彩。在社团任职始于兴趣和热爱，终于责任和感情。如果说大家最初进入时或出于兴趣，或出于好奇，最后坚持下来却是因为自己的责任心和使命感。

（三）班级任职

班委是最贴近同学们的地方，在班级任职你需要深入同学中，耐心负责，对学校和学院发布的通知要及时向班上同学传递发布，对同学们的问题要及时答疑解惑，向学院反映，在学院和同学之间起良好的桥梁作用。班委的作用主要就是组织协调，以及做表率作用，在班级活动和同学聚会中，班委也往往是最热心活跃的人，将班级同学紧密地团结在一起。

（四）学生助理、校长助理

学生助理是学校为引导经济困难的学生树立自尊、自爱、自强意识，缓解学生经济压力并帮助其更好地完成学业而设置的岗位，一般是通过报名选拔录用后，在学院办公室协助老师进行教学、科研、团学工作，每个月都会有一定的“工资”。由于大学校园很大，如果不是特意去学院和学校各种部门办事，对于从事行政工作的老师了解真的不多。

然而学生助理有更多的时间和机会接触行政老师，对很多办事流程也更为熟悉。个人觉得作为学生助理，平时和老师一起工作、交流，不仅是对自身能力的提升，也是另外一个体验的平台，由此可以获得很多启迪和资源。

校长助理的选拔有一定的难度，分为笔试和面试两个部分，较为严格，可谓优中选优。每学年进行一次选拔，每批录取 6 人左右。笔试内容主要包括对学校历史的了解、对校长助理工作职责的认识等，面试主要考察申请者是否拥有校长助理所需的能力。校长助理主要职责是协助校长工作，其中的校长午餐会是一大特色。

（五）校内任职的意义

1. 认真负责态度的培养

校内任职有利于学生个人责任心的培养，小到干事，大到部长、主席，一个部门、一个社团的运行需要每个人各尽其职，并且认真负责，如此整个组织才能够运转自如。对于个人而言，小到开会的守时，大到活动的组织策划、现场控制，都是在不断的日常工作中培养自己认真负责的工作态度。这不仅是培养一种做事的习惯，更能塑造自身的人格魅力。

2. 团队意识、合作能力的提升

校内任职，有利于提升学生的团队意识和工作能力。每加入一个社团，每进入一个部门，从第一天开始我们就要学着融入组织环境，适应团队文化，从与同事的初识，到合力做好每一份部门的工作，我们无时无刻不处于合作之中，学会与他人合作，打造团队合力，对于我们的个人成长以及今后步入职场而言，都是一种非常重要的能力。

3. 朋友圈的营造

校内任职有利于个人朋友圈子的扩大。大学的生活圈子不再狭小固定，因为不同专业、不同社团、不同圈子的人会有很多交集。如果你根据自己的兴趣爱好选择社团，就可以在其中找到志同道合之人，一起享受追求的快乐；如果你乐于学习某项新技能，你可以加入目标社团，团内既有高手给你指点，又有新人同你一起攀登。我在社团和部门里认识了很多非常优秀的同学，从日常交流和共同做事中，让我学到了很多东西。

4. 个人素质的提升

校内任职有利于提升学生的个人素质。很多应聘单位以及就业处的老师都会谈及“担任学生干部的同学较其他同学会有很多优秀之处，更受到应聘单位的青睐”，追溯其中原因，第一，源于长期培养的各种做事习惯，比如认真负责；第二，在社团部门中会接触很多新人新事新消息，生活圈子和视野见识都会被进一步打开，很多人都会变得更加乐观开朗、积极参与和喜欢团队合作；第三，体现了个人对时间的安排和自我管理，能够平衡好社团部门与学习生活之间的关系……如果你能够用心参加一个社团或一个部门，四年的成长和收获是巨大的。

5. 有一种感情叫部门情、社团情

校内任职有利于同学之间友谊的培养。团学青和各个社团的内部传承及情意是非常深厚的，从往届的学长学姐，同届的同学，到下届的学弟学妹们，一起工作，一起玩乐，其中的感情非常深厚。

佳丽学姐小贴士>>

1. 无论是何种任职，一定要本着两个目的

无论是何种任职，一定要本着两个目的。一方面是出于兴趣爱好，另一方面是为了提升自身的能力。校内任职和参与活动是丰富课余生活、结交朋友的最佳途径，我们通过日常的工作不断将原有的生活圈和朋友圈扩展，与此同时，个人能力也得到不断的提升。

2. 积极参与，不断尝试

学生干部和社团经历，在求职面试过程中也是展示自我的一大亮点。学生干部的经历能够潜移默化地培养我们认真仔细负责的工作态度、与人沟通交流的能力、团队合作协调的能力。唯有积极参与，才能够不断提升自我。

3. 有所取舍，找到适合自己的社团

在积极参与、不断尝试的过程中，一定要切记不能加入过多的社团组织。人的精力是有限的，事务性工作过多最终会造成自身的疲惫，会导致自身工作效率低下，最终影响组织的整体运行，不论是对于个人还是对于组织都得不偿失。

安徽财经大学东校区校门

三、比赛与活动

大学的课余生活非常丰富，比赛与活动填满了整个大学生涯，我们不再只是安静学习的少年，而是将身影闪耀在各个舞台的新时代大学生。这里按比赛类别详细为大家讲述一下个人亲自参加过或者了解过的比赛。

（一）专业比赛

个人参加过的专业比赛主要有：

(1) 会计技能大赛

(2)“天平杯”会计知识交流竞赛

(3)“网中网杯”财务决策大赛

(4)“瑞华杯”审计精英挑战赛

(5) 海峡两岸会计专题辩论赛

(6) 税务精英挑战赛、财税技能大赛

……

专业类比赛主要围绕会计专业开展，答卷式比赛考察对专业知识的理解与掌握，条例、上机比赛考察专业知识的应用能力。各种比赛中优先推荐参加专业比赛，因为和专业相关，有利于对专业理论知识的扎实掌握和深入理解。比如天平杯、瑞华杯等，一般初赛是考题，由个人独立完成，复赛、决赛是团体形式的案例展示，由团队合力完成。在比赛过程中，我们能够不断夯实专业基础，提高专业实践能力，提升团队合作能力，这类比赛对自我学习、独立思考、解决问题的能力提升有很大帮助。

大学四年印象最为深刻的一场专业比赛是“网中网杯”财务决策大赛，整个大赛历经校园选拔赛、大区赛、全国赛三个阶段，历时 5 个多月。在参加比赛过程中，从挑选人员组建团队，到没日没夜地练习培养作战默契，求助指导老师答疑解惑，成败之间哭笑磨砺，最终收获的不仅仅是一份荣誉，更是一份团队的情意。

（二）专业相关比赛

会计专业相关的比赛主要有：

（1）大学生商业挑战赛

（2）企业复活案例大赛

（3）“华夏杯”危机公关大赛

（4）全国大学生市场调查与分析大赛

……

专业相关比赛主要是做专业的横向拓展，通过跨学科参与学习，拓展知识宽度，培养系统性思维。这类比赛主要是为了拓展知识面，丰富大脑内存。通过与其他专业同学合作，针对当今行业热点、时事案例等进行分析，对于参赛选手的综合能力是一个很好的提升。而且比赛过程中主要考察的是学生的自主学习和解决实际问题的能力，针对专业性比赛中考察理论知识的一类，这类比赛更注重实际的应用能力。

（三）英语类比赛

高校里的英语比赛主要有：

（1）全国大学生英语竞赛

（2）“外研社杯”写作演讲阅读大赛

（3）“曲成”翻译大赛（由我们学校的一位老师主办）

……

英语是学习领域的永恒话题。作为一项基本技能，应以通过多样化的比赛来强化自己的听说读写能力。英语类比赛作为提升基本能力的一个平台，既是一个展现自我的时机，又是一个不断见识强者、为自己定下新目标的过程。我在观看安徽省“外研社杯”演讲大赛选手风采时，内心由衷地羡慕和向往，能够将另一种语言演绎得如此之美，势必需要很多磨炼。

（四）数学类比赛

高校里的数学比赛主要围绕数学建模比赛展开，数学建模比赛数目非常多。此类比赛对于模型构建、逻辑分析和探究解决问题的方法都有很强的促进作用，同时这也是非常考察团队合作能力的一个比赛。在建模比赛来临之际，团队一般需要在机房奋战几天几夜，集中智慧挖掘解题思路、撰写解题方案。总之，这是对参赛团队精力和能力的一个综合考验。

（五）创新创业类比赛

大学里的创新创业类比赛主要有：

（1）“创青春”全国大学生创业大赛——挑战杯

(2)“互联网+”大学生创新大赛

……

这类比赛培养的是创新创业意识。首先，一定要有创新和创业的意识和构思；其次，撰写的方案既要系统全面，又要切实可行；最后，后期成果展示 PPT 和 Word 的主旨思想和思路要清晰明了，抓住重点，体现专业水平和创新思路。

（六）技能型比赛

(1)“辩论之星”比赛

(2) 演讲比赛

……

技能型比赛是对语言表达能力和逻辑思维能力的一个最佳锻炼。同时，两个比赛都需要参赛者在舞台上始终处于一种高度紧张与清晰的状态，这又极大程度锻炼了一个人的临场发挥能力以及舞台掌控能力，控制情绪与展现自我。

（七）职场技能类比赛

(1)“职来职往”面试大赛

(2)“华图杯”职达校园面试大赛

(3)“浪潮之巅”职场精英挑战赛

……

职场技能类比赛主要针对求职面试做准备，从简历的制作、模拟职场面试的无领导小组讨论、单面的问答，通过体验职场面试环境，经历选手和评委的求职面试过程，不断丰富个人阅历，积累职场面试经验。同时，这些比赛也会提供很多实习机会。

（八）活动类比赛

校园内还有一些活动类比赛，例如：

（1）志愿者活动类：敬老院、支教、环保；

（2）参加各种晚会的表演：舞蹈、歌唱、相声；

（3）娱乐类比赛：厨艺大赛、彩虹跑、定向越野、密室逃脱等等。

……

志愿者活动偏向公益性服务和奉献精神，从中既能够感受到帮助他人的乐趣，也能展现一个新时代大学生的素养。我在1年多的志愿活动经历中，通过与老人和留守儿童的接触，不断感受社会的温度，学会带给别人快乐。

晚会的表演更具观赏性，强调的是自我的展现和与舞台的融合，没有那么多的竞争和压力，尽情展现自己的舞姿、歌喉等，用自己的一技之长为观众带来视听的享受。

娱乐类比赛作为课余休闲、娱乐身心的一种快乐方式，在和室友、同学、朋友的笑声中加深彼此间的默契，增进了大家友谊。

（九）比赛的意义

1. 保研加分

前四类比赛是保研过程中校内推免成绩中计算比赛奖项模块的主要

加分项。在提升自我的过程中还可以为保研做积累，何乐不为之。

2. 比赛是一个学习和不断提升自我的过程，尤其是综合能力的提升

参加比赛不仅为获得在关键时刻和那一纸简历，还有开场的三分钟自我介绍里作为一种证明，还需要你正视比赛的意义和目的，这样才能够从中收获更多的东西。如果比赛仅仅是为了争取名次，那么真的就失去了比赛原本的意义，它或许可以证明你的能力、你的努力，但你如果从一开始就冲着结果去的，想必你的过程很多时候都是痛苦的；相反，如果你注重每一个过程，相信结果也不会差到哪去。

3. 结交朋友，营造圈子

比赛更是一个结交人脉、构建圈子的重要途径，因比赛结识很多大神和志同道合者，同优秀者的交流能产生很多共鸣的话题。

4. 比赛是一种舞台感和经验的积累

大学常常忙到迷失自己，这种忙，很多时候是事情赶着事情，没有明确的目的和计划，在很多人看来或许是无益的，但正是昨日那些经历增加了今日站在舞台上的底气，最起码还可以是一种谈资和经验积累。

5. 这是一个诞生友谊的神奇地方

毛毛和豪哥是通过做我的比赛亲友团认识的，最开始彼此都只是对方校园中的过客；峰是比赛中觉得这个男生口才和气场都很赞，很有思想，私下交流多了，共鸣多了，日后举办分享会、交流会，一块看比赛、看演讲，一起办活动、约饭聊天……很多人的相识正如相遇那般神奇，确实，并不是每个来到你世界的人都会留下，抑或有共同的兴趣爱

好，因为欣赏彼此的性格人品，我们彼此相伴走过人生中的一段段路。

6. 以赛促学，提升自我，激发主动学习的热情和动力

把比赛当作一份学习的动力与阶段性的目标，对自我的激励作用会很强大。

7. 提升舞台力和对情绪的掌控

长期参加比赛和活动可以带来自我展示时的自信，这种最基本的不怯场，对于求职面试是至关重要的。要学会享受舞台和掌声，不断克服内心的紧张，增强自信。

佳丽学姐小贴士 >>

1. 不要过于在乎比赛的输赢

第一次登台不要刻意地在乎输赢，第二次登台不要强争第一。有时候你努力到一定程度，原本不知道自己可以到哪里，只要略微有点惊喜的结果反而让你遗憾不安，如高中第一次考试的11名，n次比赛的第4名，大学里比赛习惯性的千年老二、千年老四，极少拿到第一，后来我看得越来越淡，知道比赛除了努力争取之外，更应该享受舞台，因为生活需要娱乐精神。越是刻意地在乎，反而结果越不令人满意。唯有享受其中，反而会惊喜收官。因为期望越大，失望越大，这是有逻辑联系的。

人们常说站在顶峰的人是孤独的，或许是因为没有可比对象，没有前进标杆，人常常容易陷入自以为是、高傲自满和止步不前的泥坑，缺

乏前进的动力；而处于后位者往往有更为明确的前进目标、动力，抑或压力。

2. 学会总结比赛得失

做一份比赛总结。每场比赛，无论输赢，都应该好好总结得失，个人喜欢每场都做总结，为今后积累经验和明确目标确定方向。

（1）从自己出发，自己为什么失败或成功，为什么取得这个名次，有哪些表现不足或优秀的地方，总结成败经验。

（2）从别人出发，别人值得学习的地方，与别人相比我们的优秀之处，比赛运用手法的创新，能力展现的独特，都是值得学习的成功经验。

（3）针对自己的问题和不足制定改进措施和努力方向。

大学是一个提升能力、展现自我的舞台。我们要不断尝试，积极参与，享受舞台和参与的过程，努力去挖掘潜力和提升自己。

安徽财经大学广学楼

四、考证

任何考试都应该本着一个远大的目标和有效的期限来督促自己学习，通过增加外在的压力来促进内在的自律，在备考过程中不断扩充自己的知识面以促进能力的提升，最终实现考证意义的最大化。当然一纸证书，无论是制作简历求职就业，还是保研考研复试，都是加分项，一定要将学习吸收知识提升的过程和获得证书证明的结果完美结合。

（一）专业证书

1. 会计从业资格考试（2017 年 11 月 5 日起，会计从业资格证书取消）

（1）考试简介

A 考试科目：会计基础、财经法规与职业道德、会计电算化。三科必须一次性全部通过才能有效。

B 报考时间：根据地区不同，基本每个月都有考试，按当地财政部门的要求就好。

C 每门 100 分，通过分为 60 分。

D 报考条件：对于我们而言，基本无条件。

（2）备考战略

A 建议备考时间：大一结束。

① 大一下学期通过基础会计的学习基本掌握会计基础这一门考试，对会计专业知识也有一个基本的掌握和宏观的感觉，学习方法、技巧都更容易入门和有底气。

② 财经法规与职业道德在课堂难以获得系统的学习，必须依靠自学，背的成分最大。

③ 会计电算化将会在大三上学期和大三下学期的会计综合实验中有所涉及，但是与应试要求也不尽相同，考虑到想提前通过考试，所以还得早些自学准备。

B 备考建议：

① 会计基础不要轻视，虽然有了基础会计做铺垫，但一定也要认真对待，耐心练习，很多会计专业同学就是因为轻视此门而导致考试没过。

② 财经法规和职业道德、会计电算化基本需要自学。前者需要在理解的基础上进行强化记忆，尤其要学会总结归纳，相似知识点既要归纳又要区分。后者最好购买一套软件跟着视频课进行实际操作，熟练掌握操作流程。

③ 前两门出现原题的概率很小，但电算化的大题操作基本换汤不换药。从应试角度，大概自学一个月，通过教材、视频还有软件题库进行模拟训练，将知识点熟练掌握并应用自如，那么通过考试是没有问题的。

（3）会计从业资格证书取消的启示

① 从事会计工作更加注重专业胜任能力。

② 初级会计资格的考核难度将提升。

③ 各级会计资格的后续教育将加强。

2. 会计初级资格考试（助理会计师证）

（1）考试简介

A 考试科目：经济法基础、初级会计实务。考生必须一次性通过 2 个科目。

B 报考时间：一般为 5 月考试，每年一次。

C 每门 100 分，通过分为 60 分。

D 报考条件：已经取得会计从业资格证书（会计从业资格证书取消后，该条件取消）。

（2）备考战略

A 建议备考时间：大二下学期。

① 大二上学期我们将会学习中级财务会计，而初级会计实务考试大纲基本就是中级财务会计，课堂理论知识的学习会加深印象，把握知识吸收和记忆的及时性，及时备考，将会提高通过率。

② 经济法基础我们在课堂上基本接触不到，主要通过自学掌握。

B 备考建议：

① 两个科目的知识点繁多而且琐碎，一定要在理解的基础上加强记忆，强化做题的应用效果。多练多做题，不断巩固。

② 初级财务实务的知识基本涵盖在中级财务会计课所学习到的内容，最后多一部分事业单位会计。如果你能够将中级财务会计课所学内容牢固掌握，在看考试书时只需进一步巩固，提升做题效果就好。

③ 经济法如果你没有选修过学校的经济法课程，在之前的课堂学习中基本是接触不到的。学习法律，记忆肯定是最主要的，时间、具体

条款、使用范围等的区分，最考验大家的就是仔细认真。

3. ACCA（英国特许公会会计师认证）

(1) 考试简介

A 考试科目：14 门，涵盖管理、管理会计、财务会计、融资金融、法律、税务、审计等。

B 报考时间：每年 6 月、12 月。每次考试最多考 4 科。

C 每门 100 分，通过分为 50 分。

(2) 备考战略

A 建议备考时间：最晚不能超过大二。

① 随着专业课程的增加和学业的日益繁重，后期考试时间会更加紧张。

② 考试科目很多，一定要有充足的时间。

B 备考建议：

① 投入产出比：身边的同学和朋友，除了会计之外，尤其是金融、经济等学院对此证书有所青睐。从投入角度讲，无论是时间、人力、物力、财力都是极大的。很多同学选择培训班的中英文授课，方便快速进入状态。从产出的角度讲，如果你认真努力，开始时间较早，在大学取得这个证书也是有可能的，身边有一个同学从大一到大四完成了 12 门。

② 证书的作用：第一，最大的感受是在申请会计师事务所实习和工作时，除了大众化的初级会计师证，这个证书的含金量明显更高。而且在申请实习和留学时，是一块很好的敲门砖。第二，加强对专业英语的掌握。

③ 提升专业英语＋培养案例分析的逻辑思维方式：该考试的课程注重案例、技能的操作，并且考试和书本都是英文。一方面对提升专业

英语水平大有裨益；另一方面非常有利于提升我们对于专业知识在案例中的应用能力，而且是综合应用能力，从会计到金融、管理、税务、审计的多角度分析思路，无论是对于参加像 CIMA 这样的国际性商业比赛，还是今后步入职场都是一大技能的修炼。

4. CMA（美国注册管理会计师）

随着管理会计在国内的不断发展，CMA 的关注度也与日俱增。因为大学期间可以参加两门考试，除了英文窗口之外还可以用中文考试，所以深得在校生的青睐。CMA 的考试分为 P1、P2 两个阶段，涵盖的内容非常丰富，对专业知识的提高很有帮助。

但国外的考试除了考试费之外，一般会有注册费和每年的会费，这是一项持续性的投入。

（二）专业相关证书

1. 证券从业资格证

考试一共两个科目，“证券市场基本法律法规”和“金融市场基础知识”。考试 100 分满分，60 分及格。分为全国统考和预约考试，个人感觉没有实质性区别，主要看个人时间安排。考试内容都比较基础，通过复习备考书籍和做一些练习题训练即可通过。

通过备考该证书，对证券市场法律法规和金融市场都会有一些基础性的了解，对今后进入券商、投行以及事务所工作有一定的铺垫。另外，有利于拓展多学科知识面。

2. 银行从业资格证

银行从业资格证对今后想进入银行工作的同学是一个很好的证明。

虽然大部分银行在招聘过程中并未直接要求具备该资格，但这确实是锦上添花的证书。另外，如果进入银行工作，后期也是要求具备该资格，尽早考取，何乐而不为。同时，在备考过程中，能够对银行业的情况和基础知识有一个系统的了解，拓展多行业知识面，也是一种积累。

3. 基金从业资格证

现在基金经理这个工作非常热门，但是仅仅考取一个基金从业资格证只能算是第一步。对基金的了解也是熟悉当前金融、证券市场的一大抓手，有利于丰富知识面，另外可以为今后在财会工作中构建全方位的知识体系奠定基础。

4. 期货从业资格证

期货从业资格证如同证券从业资格证和基金从业资格证一样，都是进入金融市场和证券市场的一个基础性证书，但是对于整个金融证券市场基本知识和财会工作积淀的知识体系构建是不可或缺的。

这些证书是否需要考取主要取决于你今后就业想要从事的方向，相关专业类证书在毕业求职过程中也是一技之长的一个证明。另外，在备考过程中通过自我学习不断扩展知识面，丰富专业知识。

（三）英语类证书

1. 英语四级证书

每年 6 月、12 月两次考试机会，一般选择在大一考过。一方面高中扎实的英语底子还在。另一方面大一课业并不是很重，有充足的时间备考。如果大一没有考过，要继续修读英语精读和英语听力两门课程。

2. 英语六级证书

每年 6 月、12 月两次考试机会。第一，六级证书在求职面试中占有一席之地，有很多企业明确提出这是一个限制性条件；第二，考研保研过程中，有很多学校明确提出必须要过六级；第三，毕业班在评选奖学金时，六级成绩达到 550 以上可申请“外语优秀奖”。

3. 剑桥商务英语 BEC（初级、中级、高级）

这是与财经类学子关系最为密切的一个专业类英语证书。口语中很多对话都是商务场合的常用语，听力、写作、阅读、口语都是对自身英语的全面提高。如果可以攻克高级，英语水平必定有着飞跃式的提升。

4. 雅思、托福

主要针对出国同学，或者有意向去国际四大会计师事务所的同学可以以此作为一个展现自己英语水平的证明。口语一般都是大家的硬伤，要努力攻克，多听多练。

（四）计算机证书

计算机二级

在二级中，我们常考的有两类：office 和 access 数据库。后者在课堂上有初步接触，客观题主要考察基本的理论知识，主观题对实际操作的要求较高，一定要勤加练习，方可通过。

（五）技能证书

驾照

基本职场技能，你应该早点取得。有的公司在招聘时，根据不同岗位的需求，有的岗位会在同等条件下更青睐于有驾照的面试者。因为这也是基本职场技能的一项。

（六）在大学，如何为考取 CPA 做准备

1. 扎实的专业理论基础，为高难度的注会做准备

在大学里，基础会计、中级财务会计、高级财务会计——注会会计；审计、财务审计——注会审计；财务管理、管理会计、成本会计——注会财管；税法（只有注会班开设该课作为必修课）——注会税法；经济法（选修课）——注会经济法；内部控制——注会公司战略与风险管理。在课堂上认真深入，把最基本的理论知识牢牢把握，方便日后不断深入学习高难度的注会。

2. 事务所实习为审计助力

很多人对注会考试中的审计科目感到苦不堪言，密密麻麻的文字不知所云，繁杂琐碎的流程令人迷糊。其实，在事务所工作的人更易通过审计考试，其原因就在于，注会审计的考察越来越注重实务经验，而不是单纯理论知识。如果能够在实习过程中对审计有最初步的实务接触，有真实的体验感知，积累一些实务经验，对注会繁杂的审计知识就有一

定的感知，不会再感觉如此枯燥无味。以现金监盘、函证和存货监盘为例，如果你在实务中真正做过，那么每一步的流程是什么，有哪些注意点，最终结果的处理等，你就不需要再死记硬背。我在事务所为期 4 个月的实习过程中，常常能够感受到审计理论知识在实务中的应用，也对以往课堂上不太理解的目标和原因有了更深层次的理解。

3. 利用专业比赛和实习笔试督促自己自主学习注会

天平杯比赛和很多事务所的笔试题目就是注会题目，利用参赛和面试的机会激励自己。

4. 多看多练

“书读百遍，其义自见”是很有道理的。在学习课本中一些章节的时候，找到注会书对应的章节，进行深入的研读，注会与书本的结合有助于强化理论知识。

佳丽学姐小贴士>>

1. 一定要正视考证的意义，把它当作一个增长知识和激励学习的手段

因为我们中很多人都有拖延症和散漫症，而考证有固定的期限和你需要达到的水平，这就是一个硬性指标，能不断督促着我们学习进步，取得预期的结果。考证不是单纯地为了一纸证书，而是为了真正学习到新知识，拓展自己的新视野。当时我学习经济法课程时对证券法很感兴趣，因为立志就职事务所，对证券的知识了解也是有益的，所以通过考取证券从业资格证，促进自己多学习这方面的知识。因为一般的涉猎只

是泛读，记忆不深刻，而为了考试进行强化学习，记忆会深刻得多。

2. 增强自主学习、独立思考、学会总结的能力

很多证书我们都是独自备考，而很少参加培训班。要想达到最好的效果，除了在时间和精力上多付出，更重要的是提高学习的能力。从接触新知识的吸收程度，到遇到困惑时如何解决，再到相似知识点的归纳总结，不断寻找适合自己的学习方法，培养良好的学习习惯。这也是为进入职场之后适应自我学习、自主学习的模式做准备。

3. 考证与职业发展规划相联系

证书并不是越多越好，考证也是会耗费大量人力、物力和财力的，最好选择与自己的职业发展规划相一致的证书，或者是为了提升某方面的技能，或者是提升专业知识的深度，或者是扩展知识的广泛涉猎。考证切忌随大流，不加选择的盲目跟风。

安徽财经大学校园一角

五、做项目

在大学期间，作为学生的我们，常规可以接触到的项目有两类：大学生创新创业训练项目（省级、国家级），大学生科研基金项目（校级）。

因为个人做了一项国家级的创新训练项目并成功结项，之前申请过校级科研基金项目因为选题不佳而被淘汰，另外前者的知名度和推广度较后者要高，所以在这里详细介绍一下前者，但也将后者大概讲述。

（一）大学生创新创业训练项目（省级、国家级）

“3 个类别”：创新训练项目、创业训练项目、创业实践项目。

“4 个阶段”：申请阶段、立项阶段、中期检查阶段、结项阶段（项目结项又分为两种情况：提前结项或正常结项）。

“1 个系统”：整个流程不需要任何的纸质材料，所有操作和证明材料均通过系统填报、提交和完成。

“3 级审核”：每个阶段都要经过指导老师、学院和学校的审核才能通过。

“1个中心”：所有系统操作均由项目主持人完成。

“3拨经费”：原则上经费的下发一般为3次，立项后拨30%，中期检查通过后拨30%，结题验收通过后拨40%。

“1年时间”：从立项通过之日起，项目一般为时1年，原则上是不能超过2年。

学院一般只经过材料审核就直接上报，不会卡太多项目，由学校来进行最终筛选，总体通过率感觉还是蛮高的。个人根据立项名单统计：2016年全校通过项目769个，省级立项307个，国家级立项462个，其中创新训练项目最多，其次是创业训练项目，创业实践项目极少。

1. 申请阶段

大学生创新创业项目的申请阶段一般为每年的三四月份，这个阶段在整个过程中是最为重要的，项目能否通过，关键在此阶段。学院会下发通知，申请者在规定时间内登录系统进行申报即可。

（1）系统：安徽财经大学大学生创新创业训练计划项目（学生为学号，教工为教工编号，密码为教务系统登录密码）。

(2) 申请批次：国家级和省级两个批次。国家级不通过者不能降级为省级，同一批次只能申请一个级别的一个项目。

(3) 项目经费：国家级为 6000 元（2016 年改革，以前年度为 10000 元），省级为 3000 元（2016 年改革，以前年度为 6000 元）

(4) 申请要求：

① 每名学生每次只能主持或参加一个项目，不得同时主持或参加两个或两个以上项目；

② 项目负责人已有项目未结项验收或验收不合格者，不得作为负责人申报本次项目；

③ 批准立项时，负责人距离毕业至少有一年的时间。

(5) 需要完成的工作：

① 做好准备工作：做好选题（考虑与专业和当下热点相关）、选好项目级别（考虑通过率）、项目计划（项目的意义、摘要、简介、具体内容、经费预算等）；组建团队 3～5 人，可以跨专业组队；找指导老师，没有专业限制。

② 填报系统：完善个人信息，进入系统“立项申请”模块，按照系统要求填写项目相关信息并提交（主要包括：项目摘要、项目简介、项目成员列表、项目指导老师列表、研究进度安排及阶段性目标、经费预算等）。

③ 从系统下载并填写“项目申请书”，与系统所填报内容一致，只需要 copy 下来，然后将其上传到系统中。

④ 联系指导老师审核，静候学院和学校的审核结果。

⑤ 填写项目信息汇总表，班级汇总上交学院，方便申报项目的汇总统计。

⑥ 加群：我们大会计学院非常贴心地为每一批次的项目建立一个

QQ 群，方便下发通知以及项目主持人之间的沟通交流，里面有学院负责该项工作的老师，还有服务大家的小助理们，有任何问题可直接交流。

该阶段主要考察申请者（项目主持人是最为关键的）对项目的设计是否有创新和实践意义及价值，另外就是材料的撰写和系统的填报一定要认真仔细。

2. 立项阶段

一般为申请当年 9～10 月份，是立项结果的尘埃落定，也是项目实施的开端。

此阶段无须进行任何进一步的操作，只需要进入系统完善之前申报的信息，如果没有变动则无须修改。在此阶段会分配属于你的“项目编号”。校核一下项目经费等关键性的系统信息，以及学院下发的立项名单，一定要确保项目名称、级别、经费和你的个人信息准确无误。因为项目名称、项目编号、级别以及你的姓名、学号是你今后整个项目的标识。

3. 中期检查阶段

一般为次年 4 月份。该阶段主要检查申请人项目实施进度、经费使用情况和实施过程中问题反馈，主要是检验项目的落实情况，是否存在虚假和拖延。

该阶段需要完成的工作：

（1）进入系统的“中期检查”模块，按照系统要求填写项目相关信息并提交（主要包括：目标内容、阶段成果、问题原因、经费使用情况等）。

(2) 从系统下载并填写“中期检查表”，与系统所填报内容一致，只需要复制、粘贴下来，然后将其上传到系统中。

(3) 联系指导老师审核，静候学院和学校的审核结果。

(4) 填写中期检查汇总表，班级汇总上交学院，方便中期检查情况的汇总统计。

按规定要求填写，一般都会通过，不要紧张。

4. 结项阶段——提前结项

提前结项一般为次年 5 月份。因有些毕业班同学涉及毕业，所以学校超级贴心地为毕业班同学安排了提前结项的机会，其他同批次项目如果已经准备好结项也可以申请，另外还有上批次申请延期和失败此时满足条件的也可以申请。

(1) 结项要求：核心就是“已发表的论文”

A 创新训练项目：

提交在省级以上公开出版物发表的较高质量的论文或提交撰写的创新性项目研究报告（论文要求主持人必须是第一作者，3000 字以上，仅有用稿通知不符合要求）。

结项时需要在系统上传以下材料：结项审批书、论文 Word 版、刊登论文的期刊扫描件（包括刊物封面、目录、论文全文）。

B 创业训练项目：

提交相关创业项目在校级以上（包括校级）创业类比赛中的获奖证书和创业计划书或提交相关项目的创业计划书、创业报告等（10000 字以上）。获奖证书上排名第一的须是项目主持人。

结项时需要在系统上传以下材料：结项审批书、获奖证书和创业计划书扫描件或 Word 版创业计划书、创业报告。

C 创业实践项目：

根据提出的创新型产品或服务而开展的创业实践活动，提交营业执照复印件及其他文字、图片、视频等展示材料。营业执照所有人排名第一的须是项目主持人。

结项时需要在系统上传以下材料：结项审批书、创业计划书、实体店营业执照复印件扫描版及其他文字、图片、视频等展示材料。

（2）此阶段需要完成的工作

① 进入系统的“结项申请”模块，按照系统要求填写项目相关信息并提交（主要包括：总结报告、经费使用情况等）。

② 从系统下载并填写“结项审批书”，按要求填写；准备论文 Word 版、杂志扫描件（包括刊物封面、目录、论文全文），然后将这三种材料压缩上传到系统中。

③ 联系指导老师审核，静候学院和学校的审核结果。

④ 填写结项汇总表，由班级汇总上交学院，方便结项情况的汇总统计。

5. 结项阶段——正常结项

一般为次年 9～10 月，结项要求和需要完成的工作与提前结项一致。

（二）大学生科研基金项目（校级）

大学生科研基金项目（校级）分为“2 个类别”：A 类为重点项目，每项资助 1500 元，以创新团队形式申请；B 类为一般项目，每项资助 900 元。

1. 申请时间

每年的 10 月左右。

2. 每个学院有严格的指标分配

据 2015 年相关文件显示，会计学院 8 项（重点项目 3 个，一般项目 5 个）。各学院严格审核申报人申报资格，并负责组织专家对本学院申报项目进行评审立项。因为各学院有名额限制，所以学院一般排序后报送至科研处（重点项目单独排序，一般项目单独排序）。由此可见指标争取难度较高。

3. 申请要求（较为严格）

(1) 项目主持人：我校在籍全日制 1～3 年级本科生（大四不可申请），且主修专业成绩优良，主干课程没有出现不及格记录。

(2) 参与 A 类项目的学生成员人数为 5 人左右；B 类课题组参与的学生成员原则上应不低于 3 人。

(3) 课题组必须聘请一位责任心强、具备讲师以上职称，且曾承担过厅级以上课题的教师担任项目指导教师。

4. 申报材料

该项目申请没有专门的系统，而是通过填写项目申请书进行申报。项目申请人从科研处网站下载《安徽财经大学大学生科学研究基金项目申请书》（主要包括：项目、指导老师、项目组成员的基本信息、内容摘要、项目论证、经费预算等）及《安徽财经大学大学生科学研究基金项目活页》（主要包括：项目名称、内容摘要、立项依据、研究内容、研究方案、已具备的条件以及研究工作的基础、结项成果形式、申请经费金额及开支预算等），按要求进行填写，按规定日期上交到学院，待学院审核通过上交到学校，最终有立项通知。其中获得“项目批准号”是立项的标识。

5. 结项要求

（1）公开发表论文或获奖研究成果的第一作者必须是课题组成员，成果单位署名必须标有“本文系安徽财经大学大学生科研创新基金项目研究成果，项目编号：××××××”字样。

（2）研究成果达到下列条件之一，可准予结项：

A 类项目公开发表报刊论文 2 篇（报刊应有 CN 刊号）或核心期刊公开发表论文 1 篇，或成果获得省部级竞赛奖项，或获得专利证书。

B 类项目公开发表报刊论文 1 篇（报刊应有 CN 刊号），或成果获得省部级竞赛奖项，或研究报告被县级以上的政府部门或单位采用、重点项目的研究报告被地市以上政府部门或单位采用，或获得专利证书。

（3）提交材料：

① 结题报告书。

② 相应的成果复印件（原件经学院核查后返回作者本人），如论文、调查报告等。

（三）做项目的意义

1. 对自身能力的培养

（1）项目选题、计划和实施，是对自身各方面能力的锻炼，尤其作为主持人，选题要有充分的思考和创新，组建团队和后期的项目实施过程都非常适合考察其组织能力和团队合作能力。

(2) 对专业知识的应用和培养，一般项目选题都会与专业相关，通过对理论知识的进一步研究和深入实践，不断提高自身对专业知识的认知和掌握。

(3) 培养实践能力，通过身体力行的深入实务，将理论联系实际，提高操作能力和对实务的了解。

2. 保研加分

项目作为获取校内推免资格科研模块的加分是一项重头戏，省级和国家级加分不同，立项成功加一半分数，结项成功加另一半分数。

3. 科研能力的培养

做项目无论是对保研还是考研复试都是极为重要的。研究生阶段的培养尤其注重学生的科研能力，相对于一般本科学生有丰富扎实的专业知识之外，相应的科研经历将会在复试中为你增色不少。

佳丽学姐小贴士 >>

1. 如何提高立项的通过率

(1) 最好要与专业相关。

(2) 一定要理论联系实际，设计并实施具体可行的项目方案。无论是选题还是最后的实施过程，要紧扣实践才能使得项目成果丰富，项目选题才不至于空洞。

(3) 最好联系当下热点，体现学以致用，关注学科前沿和当今时事。

(4) 导师的选择：专业而又负责的指导老师会给你提供很多实质性的建议，另外在实施项目过程中也可以为你提供一定的资源。同时，从立项到最终结项，需要指导老师多次的审批。

2. 最佳申请时间

(1) 如果为了保研加分，申请项目的时间不宜超过大三下学期，最好是在大二下学期申请（每年三四月份），这样结项时间最迟在大四上学期（次年的9月份），整个项目顺利通过则可以为保研加全分；如果再晚申请就最多获取立项的一半加分。例如我当时没有刻意地为保研做准备，在大三下学期有灵感的时候才准备了一个选题进行申请，最终在9月申请保研加分时就艰难了。

(2) 参加的最佳时间最好是在大二、大三。原因：①大一自己对于专业的认识和对于科研各方面的能力要求还不是很深刻，例如计划的编写，项目预算的编制，具体实施过程，结项论文的撰写能力，这个阶段需要是积淀。而大二、大三，对专业有了更为充分的了解，在学习和接触专业过程中萌生的想法和思考更容易形成选题，构建项目研究框架；②大二、大三的时候自己拥有更多的人脉基础，也更容易和精英组队，促进项目进程；③大二、大三相对比大四时间充足，因为这个项目的实施过程要求至少一年，我们必须考虑毕业对于结项的影响。另外，早参加，早提升，对于自身能力也是极大的锻炼。

3. 论文发表

提前安排好结项论文的发表和拿到原刊的时间，另外一定要注意发表期刊的级别和质量要符合要求。2016年批次的项目在结项过程中就发现有很多不符合要求的期刊，到时慌乱就真的来不及了。不仅浪费了时间和精力，还严重影响结项的顺利完成。

4. 提高立项成功的概率

大学生创新创业项目的通过率要比科研基金项目的通过率高很多很多，因为前者学院一般不设限，而后者每个学院都有严格的指标分配，但只要学院按照指标报送到学校就基本可以通过，不会进行再次筛选。两个项目的申请不矛盾。

5. 勇于尝试

不要认为做项目是一件如此高大上以至于艰难到不可攀登的事情，大胆申请，但一定要有自己的思考和规划。另外宜早不宜迟，最关键的就是立项和结项，只要立项通过，按照要求实践确保结项就可以。做项目不仅可以提高个人能力，为各种加分、荣誉、保研考研做铺垫，也可以提高我大会院的科研成果，希望大家踊跃参与，力争提升。

6. 最好自己主持项目，发表论文最好是第一作者

因为无论是评优还是保研，加分的重点都是项目主持人。

六、发表论文

论文作为大学生学术研究能力的一个有力证明，在校期间对于专业知识的深入探索是非常有益的。通过明确研究方向，编写撰写提纲，搜集相关资料，理顺论文思路，开创独特见解等，可以强化对思维和逻辑的训练，同时对专业理论知识和前沿热点更加了解。

（一）撰写或发表论文的意义

1. 保研加分

在保研加分项的科研情况模块里，发表论文加分是极其重要的一项。

2. 考研和保研复试增色

研究生阶段大部分时间都是在做科研，所以导师在选拔研究生时科研能力是一个重要的考量因素，而论文就是最好的证明。另外，很多学校的夏令营就要求做本科论文的展示。

3. 替代毕业论文

一定要与专业相关。如果你发表的论文与专业相关并达到一定水平，符合学院毕业论文替代的要求，那么可以做毕业论文替代。大家都知道撰写毕业论文是一个漫长而又艰辛的过程，字数为 10000 字左右，严格的论文框架和格式要求，需要一遍遍修改和查重。因此，此刻发表论文的动力满满。

4. 申请科研论文奖（非毕业班）、优秀成果奖（毕业班）

在每学期评选校级奖学金时，科研论文奖也是一个具有诱惑力的奖项。以当前学生手册的规定，最低要求是学报水平，所以普刊已经得不到认可。

5. 为毕业论文打基础

撰写论文就是一个不断积累和训练的过程，如果常写，感觉自然就有。为了打好毕业论文这场攻坚战，平时多撰写一些课堂随堂小论文来练笔，非常有助于积累撰写论文的思路和语言写作能力。

6. 对今后的读研和工作非常有益

如果选择读研，在撰写论文时无形中就会提高科研能力，加强思考问题的逻辑思维、对专业知识的反思和钻研；如果选择工作，这种撰写和总结能力、资料的搜集和提炼能力，对事务所撰写审计报告，平时工作中撰写商业文书和总结报告都是一种训练。

（二）论文从哪里来

1. 项目的结项论文

在大学期间参加的创新创业目和大学生科研基金等项目，一般结项成果都是通过论文展现，利用项目成果和收获撰写论文继而发表，可以一举两得。项目结项论文一定要体现成果的可行性和创新性，这与项目选题以及实施有很大关系。

2. 社会实践论文

我校每年的暑假实践项目以团队形式完成且规模较大，一般还有官方的“三下乡”等高级别的社会实践活动，如果在团队中负责撰写社会实践报告，可以考虑将该实践成果转化为论文。

3. 比赛的成果展示（如数学建模）

大学期间很多专业性质的案例比赛都会以案例分析的形式上交比赛成果，如果将其规范为论文格式，可以作为论文进行发表。另外，数学建模中利用创新性方法解决实际问题，如果观点新颖，也可以考虑将其转化为论文成果。

4. 课堂小论文

大学中很多选修课的结业成果都是论文，通过一学期系统地学习一门课程知识，对于论文选题和内容的撰写都会更为熟悉。可以挑选自己感兴趣的话题进行创作，将课堂论文进一步补充完善，形成大论文。

5. 对于当下热点问题的了解、讲座心得

大学的专业课学习会接触很多专业前沿和行业热点，除了老师上课中的渗透，还有各种学术讲座，以“听”激发自学、自我探索，可以将自己感兴趣的前沿或者热点问题进行思考探索，形成论文。

6. 专攻论文

专攻论文则需要目标明确，自行确定论文选题，搜集资料，编制提纲，完成论文研究，最终发表。整个过程，都是对专业知识和逻辑思维的又一大提升。

（三）“四力合一”“孵化”一枚论文

1. 人力

（1）和导师联系，得到选题和方向上的指导。
（2）团队合作。

2. 物力

（1）对专业知识的研究和广泛阅读，平时多关注专业、行业时事才可以激发灵感，做出有意义和价值的选题；关注“中国知网”，多读才能有干货的积淀。

（2）选题—构建理论框架—收集资料—整理总结；当前作为本科生我们的研究能力和专业论述能力还比较弱，所以多做案例分析型和实证型论文更容易“有物可言”。

3. 财力

一般情况下以我们当前水平想要发表一篇论文，无论是自行投稿杂志社还是通过中介机构引荐，都需要花费一定的版面费，期刊级别不同，版面费的高低亦不同。当然，如果你有很赞的论文，不仅不需要花费还可以赚稿费。

4. 心力

(1) 静心——寻一僻静之处安安静静地做论文。

(2) 净心——内心不能浮躁，做论文者必须经过长期的沉淀。

(3) 精心——做论文一定要做个有心人，无论是从选题的创新度、文章框架结构的层次感、语句撰写的逻辑性，还是最终的自查修改排版都需要用心去做。

当你成功做好一篇论文，不仅是成就感的爆棚和专业知识的极大收获，更是一场心灵的修炼之旅。

佳丽学姐小贴士 >>

1. 第一作者独撰或通讯作者

在保研加分、评优中均以第一作者为主，如果导师为第一作者也可以。另外，通讯作者也很重要。

2. 坚持积累和撰写

第一次写肯定非常痛苦，觉得无从下笔，或是废话满篇，但是一定要坚持，一旦有了撰写的思路和一定的资料积累，行文就会更加行云流水。

3. 撰写之前一定要多看多学

因为有干货的吸收才能有输出。平时多搜集知网一些相关论文，分析撰写思路，涉及的专业知识，深入思考所要阐述的问题，不断积累。

4. 如何积累资料，培养写作思路

首先没有干货的你需要看很多文章，找出思考点，自己归纳几个方面，理出思路，然后按模块往里面填充，找到的资料都放进去，形成一块一块的论文资料储备；然后理清自己的写作思路和框架，从你之前搜集和储备里的模块资料里汲取。

5. 论文选题

类似于浅谈××呀，××若干问题呀，这类大而空的理论性问题导师最不喜欢了。反而是做一些案例分析型，实务分析型，从具体案例和小角度出发更容易进行论文写作。另外，注意挖掘创新点，并结合当前行业前沿和专业热点进行创作。

安徽财经大学体育馆

七、入党

入党的第一要务就是要明确入党动机，只有明确入党动机，积极向党组织靠拢，不断提升自己的思想意识，以实际行动争取早日入党。在大学阶段，入党要经历几个阶段的考核，不仅是时间上的考验，更是对党的认识和思想意识不断提升的过程。

（一）为什么要入党

入党动机不能一概而论，一定要有自己的方向。只有明确入党动机，入党才有意义。首先要有正确的思想意识和良好的政治素养，这样才能够确保在今后的入党道路上把握方向，不断前行。其次，要看个人的想法和职业规划。如果毕业之后计划参加公务员考试、选调生、事业单位、国企，党员身份可能是必需的，并且有很大的竞争优势，这些岗位中很多都是明确要求党员身份。

（二）如何入党

按照《党章》标准，每位同志要想入党必须要经历“26 关”。在我们学校入党要经过系统的党课学习，分阶段的考试，各种申请材料，走过一段段“晋级之旅”。一要细心，无论是入党材料的撰写（入党志愿书只有一份，下手要小心），还是个人关键信息的记录；二是耐心，很多材料的准备可以说非常考验人的耐心。我是从大学一开始就走入党流程，到大三下学期完成，下面以我个人入党的时间为例，为大家讲解一下入党的主要流程和时间分划。

1. 递交入党申请书

（9 月 15 日）入学后班级会统一递交，一般为 9 月。入党申请书一定要注重格式，按照规定的模板写就好。

2. 入党积极分子

（3 月 15 日或 9 月 15 日）每个学期学院都会给每个班一定名额（班级人数 * 固定比例）列为入党积极分子，一般上学期为 9 月，下学期为 3 月。每人将会有一个“入党积极分子培养考察情况登记表”用来登记基本信息和入党信息。

3. 参加院党课及考试

列为入党积极分子之后，大家将会参加为期 6 节课的院党课，一般讲解党的基础知识、党的历史以及《党章》。上课时间一般为周三下午和周六日。在上课过程中一定要认真学习并做好笔记，学院会发给每个人一个红色的笔记本用于做笔记，待党课结束后，连同一篇学习心得一起上交。考试一般以《党章》、党史为主，有单选、多选、填空和简答。学员通过考试后将会颁发“党校结业证书”。

4. 发展对象

每个班每学期从通过院党课考试的积极分子中选两名思想积极、品学兼优的同学列为发展对象，这也是入党道路上最艰难的一环，因为学院对党员要求越来越高，故每期的发展对象名额较少，这一环节会筛掉很多人。一旦被确定为发展对象，将有一大批入党材料要写，一定要保持耐心和细心。

5. 参加校党课及考试

发展对象将参加校党课培训班，校党课继续围绕《党章》分专题进行深入讲解，请大家做好笔记，写好心得，用好红色笔记。考试通过后将有“校党课结业证书”。

6. 预备党员

通过校党课考试的同学就会成为预备党员，被确定为预备党员的日子是你入党的日期，也是你开始缴纳党费的日子，同学们一定要记住，以后填写各种个人基本信息都会用到这个信息。

7. 预备党员培训及考试

预备党员的培训班和考试依旧围绕《党章》展开，在不断地培训学习过程中，党员的党性修养不断提高。

8. 转正

列为预备党员满一年后，所在党支部将召开支部大会讨论预备期满的预备党员能否按时转为正式党员，正式党员具有选举权，当被讨论对象转正的赞同票过半时，方可成为一名正式党员，完成入党的最终流程。

（三）入党重要时间集锦

(以个人为例，2013 级)

(1) 递交入党申请书：2013 年 9 月 (全班统一)

(2) 列为入党积极分子：2014 年 3 月 15 日 (每个班级按人数比例申报)

(3) 院党课结业：2014 年 12 月 (结业证书时间)

(4) 列为发展对象：2015 年 6 月 6 日 (每年每班仅限 2 名发展对象，宁缺毋滥)

(5) 校党课结业：2015 年 6 月 3 日 (结业证书时间)

(6) 列为预备党员：2015 年 6 月 6 日 (支部大会时间，以及入党介绍人，一定谨记!)

(7) 入党宣誓：2015 年 12 月 21 日 (神圣的时刻，有党徽一枚)

(8) 预备党员结业：2016 年 4 月 23 日 (结业证书时间)

(9) 预备党员转正：2016 年 6 月 6 日 (预备期满一年，无特殊情况，按期转正)

（四）大学生党员需要做什么

(1) 日常活动：第一，缴纳党费；第二，参加党的学习活动，听讲座，最重要的是你要撰写心得，因为你是一个爱学习又上进的好党员呀；第三，参加其他组织活动。

(2) 行使党员权利：第一，新党员入党支部大会的投票；第二，参与院党委的选举等。

(3) 当然，你也有取得荣誉的时刻：例如，预备党员培训有“优秀学员”；大四也会有优秀党员的评选。

佳丽学姐小贴士 >>

1. 大日子备忘录

做一个“个人入党关键事件、大日子（九大日子你值得铭记）、关键信息（入党志愿书的编号）记录表。”大家在入党道路上的各种值得纪念的大日子一定要记住哈，成为积极分子、院党课、发展对象、校党课、预备党员、预备党员党课、转正这些日子都是很重要的，自己细心一些记下来方便以后好用，尤其是填写各种材料时，你会发现好记性不如烂笔头。尤为重要的是列为预备党员的时间，这个关键点的记忆将跟随着党员身份一生。

2. 如何跨越党课考试大山

党课培训和考试共有三次，围绕《党章》，那个做笔记写心得的红色笔记本。《党章》《党章》《党章》，重要的事情说三遍。如果愿意，打印店的所谓题库你也可以拿来练笔。

3. 准备入党材料一定要仔细认真

一般材料都是不允许修改的，并且有的材料是唯一的，《入党志愿书》是有编号的，所以唯一。记得学姐当时写到手抖出汗，超级紧张。一是要确保相关信息准确无误，二是尽量不要修改。其间伴随着各种信息的补充、材料的填写，按照党支部助理的通知和要求按时完成就好。

八、社会实践

社会实践作为在校大学生走出校门，亲身体验的重要团队活动，不仅可以增长见闻，加深对社会的认识，更有利于培养自身深入实践、身体力行的能力以及团队合作能力。笔者几乎大学的每个寒暑假都在做社会实践，直到大四的寒假依然以个人事务所实习经历撰写了一篇 2 万多字的社会实践报告。

（一）概述

（1）时间：一般在寒暑假，由于时间关系，暑假的社会实践更为重视，阵容也更为庞大。

（2）形式：团队和个人两种形式。暑假社会实践多采用团队形式。

（3）主题：一般是围绕着专业知识实践、就业创业实践、志愿者服务、党的理论政策宣讲活动、走访母校或校友、亲情实践服务等开展。

（4）奖项：先进集体、先进个人、优秀调研报告等。

（二）流程

（1）前期：选题，组建团队，找指导老师，前期资料的收集和准备。

(2) 中期：实地调研（走访、访谈、拍照），注重各种媒介和宣传手段的使用。

(3) 后期：整理资料，总结，撰写实践报告。

（三）记两次有意义的社会实践

1. 团队暑假走访调研社会实践

在放假前我们自己组建了一个 10 个人的团队，目的地是安徽巢湖，主要对生产钢结构的富煌集团进行调研，提出传统民营企业转型升级的对策。这是自己第一次真正深入实践，收获颇丰。前期从选题到构建实践框架和具体实施内容，设计队徽、队服还有横幅，分工等，一次又一次地在食堂开会强调，一遍又一遍地在群里交流。终于，团队踏上征程。7 月份的安徽正值酷暑，团队的成员都很卖力，无论是走访时大雨倾盆，熬夜之后早起参加调研公司的晨会，还是在酷暑中调研钢厂，各种媒介的宣传做得都是很到位。再到后期回校整理资料，撰写实践报告，每个人都认真投入，协调配合。犹记最后一天，在巢湖湖畔录下一段段团队视频，每个人都很放松享受。最终荣获“优秀团队一等奖”。这次实践收获最多的就是团队合作和那种在一起为同一目标拼搏的韧性和冲劲。

2. 个人事务所实习

从大三到大四，在事务所 7 个项目的实习经验，也算是对事务所工作有了初步了解。在实习过程中，不仅注重专业能力的初步积累，如何将所学知识与实际工作尽快紧密联系起来；也特别注重职场技能的培养，如何使用办公工具，如何和同事更好相处，如何求助和寻求答疑解惑；在不断和行业前辈精英以及同事的交流过程中，探讨未来的职业发展方向，听取过来人的经验；在和大四同学交流事务所实习经验和收获，以及对未来发展方向的选择时，也总结出一些意向和经验。基于以上几个方面撰写的“深入会计师事务所，感受审计魅力”一文荣获“优秀调研报告（个人）一等奖”。这次实践中最大的感受就是，实践只有亲身去做，才能收获满满，真正有感而发。

（四）实践的意义

1. 学会思考，提升创新、计划和组织能力

作为团队负责人，同时也是实践项目的申请人，对于实践活动的构思和组织是非常重要的。

2. 学会经历，提升“脚踏实地”的实践能力

大学相比初高中很大的区别就在于你不再有那么大的课业压力，你可以有充足的时间去过丰富的课余生活。课堂上的理论知识固然重要，但在实际去做的过程中会有更多亲身感悟。

3. 学会与人沟通，提升团队合作的能力

在当前社会的生存法则里，尤其要记住，团队合作释放出的能量是巨大的。首先你必须学会如何融入团队，如何和他人协调，如何在团队运转中发挥自己的力量，如何与团队实现双赢的共同发展。实践团队从

组队到共同实施实践内容，再到最终的总结报告，每一个环节都在分工中尽显团队合作。这也是你今后步入职场必备的工作技能。

4. 提升总结资料、撰写报告的能力

在信息量巨大且变化无穷的今天，如何高速筛选和提炼所需资料，是一种非常重要的能力。可能你面对的是一个认知不深的实践课题，需要用资料来充实自己。在后期撰写报告之前，对实践过程中搜集到的资料进行加工整理，提炼要点亦是一项耗时费力的工程。在撰写报告过程中，逻辑思维、语言的表达等都会对自己工作中汇报工作、撰写文书有很好的锻炼。

5. 主动学习，提升独立思考的能力

实践中会遇到很多情况和困惑，这就督促着我们自主学习相关方面的知识，加强对问题的独立思考。

佳丽学姐小贴士 >>

1. 如果有保研加分的需要，则尽量参加一些大型的社会实践活动

即使你可能只是一个简单的调研员，但是由于项目本身的正规性，可以给自身带来很大的提升。旭旭学长在暑期“三下乡”实践活动中参加了一个大型的社会实践志愿者调研活动，从问卷调查到调研报告，认真参与，积极担当，收获颇多，凭借努力获得奖项对于后期的加分评优有很大作用。

2. 如果社会实践报告撰写的效果很好，可以考虑发表论文

个人如果在整个实践过程中担当了写作的主力军，且有保研需求，一定要做第一作者，这对于保研加分至关重要。

3 选题最好和专业相关

如果是做理论深入实践型的实践活动，选题最好和专业相关，贴近当下热点，从而更能体现出实践的意义和价值。

4. 注重培养自身的团队合作能力

积极融入团队，在实践过程中要勇于奉献，不要过分计较个人得失。

难忘课余时光

九、实习

实习作为连接学校与职场的桥梁，理论知识与专业实践的联系，是大学生了解和进入职场的窗口和过渡期。通过实习，感受职场氛围，明确就业方向，积累工作经验。从申请到实习大概分为撰写和投递简历、笔试和面试、正式实习三个阶段。

（一）简历的撰写与投递

1. 简历＝软实力的积淀＋硬格式的展现

（1）不断尝试，积极参与，注重积累

简历的内容不是在撰写这一刻一蹴而就的，而是日积月累的经历结晶，有了丰富的社会实践和实习经历，简历的内容才会丰富。

（2）“简历框，简历筐”

简历框是指分模块划分出简历的框架，简历筐是指积累简历的内容，把它们放在简历框架里，就如同简历筐篮。做简历从大一开始，做一份空白的简历模板，分模块列明内容，学习成绩、荣誉称号、比赛获奖、科研论文、社会实践、校内任职、实习经历等，有一份经历，得一份荣誉就填充进去，要以“事件＋结果”的形式精准简练地概括，这样以防在急需简历时因时间遗忘而落下。

(3) 使用时注意筛选

针对简历的目的有条件地筛选所列明的经历，因为简历就是为了表明你的能力和所申请职位的匹配度。所以针对不同的岗位，并不是所有的经历都需要列上去。如何取舍就在于这份荣誉或者经历是否有助于你申请的职位。

(4) 再次精简叙述，侧重能力表现

基本信息和所获得的奖项可以简单列明，但诸如实习经历、志愿者经历、组织活动经历等，一定要精简事件，总结成果，并与能力挂钩，可以用数字、比例等增加真实性和说服力。

(5) 排版注意舒适美观

干净整洁，不要过于花哨；字体大小适中，重点要突出；职业照要端庄阳光，彰显自信。网上有很多简历模板，可以选择适合自己的进行填充内容。推荐“乔布简历”，针对本专业有财务模板。

(6) 注意简历保存版本

简历一般要采用 PDF 格式，打印时格式不易混乱，发送时不易被修改内容。纸质版打印最好用彩印。

(7) 准备一份英文简历

会计学院很多同学立志四大，那么英文简历则是必需的。英文简历并不意味着是对中文简历的简单翻译，而是要做到“信、达、雅”，精炼而不失重点。

2. 简历的投递方式

(1) 官网有固定模板

直接按照要求进行填写，为了节约时间和提高准确度，平时要建立一个“Word版简历内容备忘录”，就是一个简历的明细版，奖项荣誉证书等分类列明，经历类总结好，需要时直接复制粘贴，方便快捷，非常节约时间，而且保证准确性。

（2）直接投递自己做好的简历

一般是上传到官网或者发送到邮箱，一定要修改好简历的命名，对校外一般是“学校＋专业＋姓名（联系方式）”，对内一般是“学院＋班级＋姓名（学号、联系方式）”。如果有规定格式要求一定要严格遵守，避免因邮件命名不规范而被刷掉简历。另外，申请实习时最好在简历上标明“目标岗位”。

从大一到大四，做过的简历不计其数，从社团任职到比赛报名，从实习申请到保研推荐。每一份简历按时间顺序排列，内容逐渐丰富，能力的积淀也不断深厚。所以，撰写简历的过程就是一个积淀的过程，有了很多的经历，简历自然丰富起来，也就不会无话可说。

（二）笔试＋面试

1. 专业知识的准备

会计类专业一般申请的实习单位为事务所、公司财务、银行等，这些都需要很强的专业知识基础，笔试和面试问题多数也会从专业问题出发，所以一定要把握好专业基础。

2. 笔试

事务所和公司财务通常会考察会计、审计、财管等专业知识，有很多事务所直接把注会考试题目作为笔试题目，难度可想而知。银行的笔试题目会有行测，一般包括行业知识、会计知识等。

3. 面试

在掌握专业知识的基础上，一定要灵活地掌握面试技巧。很多公司的面试是一轮的“单面”，也有两轮的“群面＋单面”，还有三轮的“群面＋单面＋合伙人面”。群面多采用无领导小组讨论，单面可能是半结构化面试，也可能是结构化面试，合伙人面为一般事务所采用，合伙人可能在谈笑风生中将你灭于无形中。以下是几点面试时需要注意的问题：

（1）克服紧张情绪，保持自信状态，回答问题声音要洪亮。

（2）态度很重要，要谦虚积极，不会的问题不能直言不讳，也不能乱讲，而是短暂思考后说一下自己的认识，同时承认自己认识的不足，给对方留下诚实又谦卑的印象。

（3）着装干净利落，动作落落大方，不能过分拘谨。

（4）回答问题一定要注重“清晰的逻辑思维＋简洁的语言表达”，表达观点尽量一针见血。

（三）实习

1. 一定要实习，实习分阶段

（1）实习，从大一开始！这个时候实习可以不接触与专业对口的实习，例如推销员、收银员等。这个阶段的实习主要是接触社会，增长见识。从高中到大学标志着我们成人阶段的开始，我们再也不是父母怀抱中的宠儿，而是应该独立去面对这个世界，去感受人情冷暖，去体验生活苦乐。一个人行走，收获的成长是巨大的。每个人都需要一定的社会经历形成经验，才会逐渐成为别人眼中成熟的模样。

(2) 大二、大三深入专业职位，体验行业特点和工作环境，针对性地在学校培养自身能力。一方面，大二大三是学习专业课的重要时期，如果能够加入一定的专业实习，理论与实践相结合，吸收效果更好。另一方面，通过实习，接触专业岗位和行业环境，对工作有初步了解，对岗位需求有基本认识，从而反思自身，不断加强自身能力与岗位所需能力的匹配度。

(3) 大四实习侧重培养能力，对公司的选择将为今后的就业方向和职业生涯发展规划奠定基础。如果要就业，就必须利用这个实习机会选择合适的公司，争取留用机会。此时带着大学所有的专业积淀，以及以往的经历，怀抱着从学生角色到职场人士的转变，在工作岗位也更注重专业能力和职场经验的积累，如何与人相处，如何讲究团队合作，如何平衡工作和生活的关系，如何打理好自己等，这些都是我们初入社会和职场时急需解决的问题。

2. 如何找实习

(1) 目标公司官网：寒暑假是找实习的最佳时间，但一般要提前1～2个月进行申请。会计师事务所的实习集中于寒假，因为正是年报审计阶段。及时关注目标公司官网发布的实习，进行简历投递，笔试面试。

(2) 智联招聘、大街网等求职网站：将自己的简历挂在网站上，或者在网站自行创建简历，投在目标岗位，对该岗位有需求的公司招聘时，将会通知你投递，方便省事，不用担心错过机会。但同时也会面临信息暴露、垃圾邮件等隐患。

(3) 学校的招聘通知：学校就业办、学院官网也会定期发布一些招聘信息，及时关注。

(4) 内推：在事务所实习一段时间，发现除了自己这一类是通过网申、笔试、面试一步步闯关进来，还有很多人都是通过学长学姐推荐、同学推荐直接进来的。之前还有一位研究生学长就是通过导师的推荐进了我们人人垂涎的四大实习。这就是内部信息和人脉资源的作用，而想获得这些就需要用心积攒你的人脉优势。

3. 实习中需要学习的内容

(1) 加强实务操作，促进理论深化

以事务所为例，通过将专业理论知识与工作实务操作相联系，经历完整的年报审计流程，提高自身的实务操作能力，深化对理论知识的进一步吸收。

(2) 初步认识职场，适应工作环境

通过在职场的初步锻炼，加强自身对工作环境的适应能力，促进由学生角色向职场人士的快速转换。实习可以作为一个过渡期和转换期，为毕业后步入职场奠定基础。

(3) 明确职业方向，完善职业规划

实际的工作环境和职场感受对大学时期空洞的职业规划是一个很好的反思和认知。一方面通过实习认识自身与所选择的职业定位是否契合，与工作岗位的匹配程度如何；另一方面在真实体验行业环境、与事务所前辈和同行交流以及分享经验过程中，进一步完善自己的职业规划，使其更具有现实性。

(4) 增强学习能力，提升职业匹配

进入事务所，大部分工作都需要从头学起，对于个人学习能力提高有着很强的促进作用。在实习过程中不断进行自我反思，总结岗位所需能力，在今后的学习中进一步明确自身的努力方向和目标，力求提升自身素质与所选职业的匹配程度。

佳丽学姐小贴士>>

1. 简历要常做

做一份简历和一次自我介绍就如同推销自己，如果你能让对方印象深刻，愿意给你一个面试的机会，那么你的简历就是成功的。而这里就包含两个方面：一个是能力的积淀，这是硬实力；另一个是自我展现，开始是一纸简历让对方产生想要继续了解你的想法，所以简历是初试—海选的第一关，接下来的面试就是一个你如何演绎自己以博得青睐的过程。而这两者缺一不可，硬实力+表现力，正如《杜拉拉升职记》中所言："你不会做事，你很可悲；你不会表现自己，你更可悲。"职场竞争激烈，没有主动的表现，就没有关注点，很难获得青睐。

2. 实习要主动

实习的机会等不来，只有自己主动去寻找。在网络和信息如此发达的今天，在人际关系网无处不在的当前，你需要不断地更新信息，也需要接触不同的圈子，从申请实习到过关斩将直至拿到录用通知，这也是令人迅速成长的过程。同时，由领导推荐和熟人介绍实习的机会往往来得更快捷，要学会抓住每一个机会，敢于尝试。

3. 不断总结、积累和提升

无论是简历的撰写和投递，实习的面试和经历，都是在为我们今后步入社会、走向工作岗位做“适应性训练”和经验积累。简历和实习都不是目的，而是一种积累的过程，我们必须从这些经历中发现自身问题，不断总结有益性经验，这样也可以把每一次撰写简历当作一次“反思录”，为个人的提升和今后的发展积淀。所以一定要善于反思和总结。

十、考研

关于考研复习过程中的选资料、技巧、方法等不做过多的描述，仅就方向性和心态讲一些过来人的经验。

（一）方向——考研前四问

1. 是否考研

毕业之后，条条大路通罗马，考研、保研、出国、就业等都是可选择的方向。是否考研这一问题中就蕴含着两个思考：是否要继续深造读研？是否有保研资格？自我权衡和判断一下，大方向就明确了。只有在出发之前就坚定自己出发的目的地，才不会因迷茫而偏离方向，不会在中途质疑自己，亦不会没有韧性和毅力。

2. 专业型硕士或学术业型硕士

这是在决定考研之后你首要考虑的问题。因为这决定着考试的总体难度、复习方向、学年学费、对未来的规划等一系列问题。两者的区别简而言之三点：

（1）**初试考试科目**

学硕注重数学能力，一定会考高数，初试有专业课；专硕只考初等数学，没有专业课，但在199管理类联考里，逻辑和写作是我们几乎没接触过的，所以你要综合自己之前的基础以及未来的学习潜力，如果对于一个畏惧数学的你来说，天秤的一边很可能倒向专硕。

（2）**调剂**

专硕基本没有调剂希望，学硕有。这就要考虑万一第一志愿落空，如果你抱着宁缺毋滥的心态，那你可以考虑不调剂，但如果你抱着无论是什么学校，一定要考上的心态，那学硕无疑是你更有希望的选择。

（3）**学年学费**

一般学硕3年，每年8000元；专硕2年，学费由几万到十几万不等。此时你就要考虑家庭经济条件和承担的压力，有的专硕确实很贵，一般家庭是难以承受的。

个人觉得这三个方面是比较关键的取舍点，其他诸如专硕的认可度没有学硕高，个人感觉不是很明显，尤其近些年专硕热度日趋高涨，受欢迎程度也越来越高。两个培养方案虽说侧重点不同，但关键还要看你个人精力分配和投入的重点。

3. 哪座城市

考研中大部分人都是奔着提升学校名气、改变专业、去大城市这三个目标而来，最终的目的也是为了更好地就业。当然确实有想继续深造，爱好科研，致力于提升自己的有志青年。城市的选择非常重要，名校集聚在大城市，随之而来的资源集聚效应也是很明显的。如果你考研考到大城市，一方面增长见识，可以在不同名校之间穿梭，学习交流，更方便结交更为优质的人脉；另一方面，方便在校期间找实习，尽快融入社会和职场，锻炼自身能力。毫无疑问，大城市能提供资源和提升眼界，在一个更大的环境中学会生存，对本身就是一种提升。

4. 哪所学校

名校的氛围和资源是非常吸引人的。我们考研本身就是想提升自己的档次，不仅是在研究生这个学历上的提升，也是在自己平台方面的提升，即提高下一步发展的起点，积累资源，营造圈子，结交人脉。名校无论是在教学水平、科研能力、导师队伍、学校教学、科研设备等硬性条件方面，还是导师、校友等软性资源方面，都是非常有吸引力的。确定考研学校取决于你的努力程度，也取决于你的性格。前者决定你成功的能量，后者决定你成功的勇气。如果你是一个风险保守型的人，为了避免落榜的惨剧就一定会谨慎地报考甚至降低自己的期望；但如果你是一个风险偏好型的人，就会抱着试一试、冲一冲的心态。所以那些考上名校的人，不仅需要努力，也需要勇气。

（二）战略——心态＋方法＋效率

1. 心态

（1）决定考研需要一个良好的心态：万事开头难，你必须要用坚定而乐观的心态开启这段旅程

我们在一开始都会很不适应，拿起许久未看的书，密密麻麻的字充斥脑海，坐不住冷板凳而烦躁不安，别人呼朋引伴的各种干扰，都可能让你觉得你当初的决定是不是一时头脑发昏。此刻你需要的是学习的热情和激情，不要畏惧前路艰难，请勇敢前行。

（2）考研复习中需要的良好心态：坚持＋毅力＋鼓励

考研是一场漫长的马拉松，我们的热情会随着时间的推移、难度的增强、压力的增大而日渐消磨。早起被室友的沉睡拖垮，复习路上被班群的各种招聘信息诱惑，保研结果让我们不断质疑自己的努力。然而，这些都是正常的，你需要挺住，只要你还坐得住，学得下去，就要继续。可以偶尔地放纵一下，也可以灌一点心灵鸡汤，但一定不能颓废，不能一味地自我放纵。

（3）考后需要心态的调整，一定要正视结果

当该面对结果时，就不要过度追究过程和后悔曾经，直面现实才是最好的。初试或复试没过，就当作一场自律和自我修炼的经历，永远要相信，不论考研结果如何，这段过程的修炼，你的坚持、你的习惯、你为梦想曾经那么奋不顾身地努力过、你耐得住性子投入其中、你所经历的每一个看似折磨的日日夜夜，都会成为你日后行走的资本，只不过这些可能暂时都是隐性的，但这无疑是一种长期的沉淀。

（4）不要放弃

初试成绩不高或能够调剂，不要放弃一丝希望，既然你已迈出第一步，就继续大步向前。当你走过，你就会发现，你永远不会为做错或者努力了没有做到的事情后悔，只会为没有做的事情感到深深的遗憾，因为那份未知是你当时最怕的、也是你日后最好奇和希望的所在，所以只要有一丝希望就不能放弃。

2. 方法

（1）形成自己的方法体系

小到听课、做笔记、监督考察、考后反思、睡前回忆这些小细节，

大到复习策略、时间和进度的制定，都需要讲究方法。方法正确，行走才会更加有效。不妨参加一些经验分享交流会从中学习。

（2）适合自己的才是最好的

切忌盲目攀比学习进度，非常容易造成虚荣地追赶进度而导致质量不佳，还会增加心理负担。

（3）学会学习交流，相互促进

即使是考同一个学校的同一个专业，也一定要化敌为友。你们其实是最好的研友，复习的相似度很高，最方便共享资料、交流疑惑、相互监督促进学习。要相信，越是大气共享，收获就会越多。

3. 效率

（1）自身资质

可以肯定，效率这件事有一部分受到考研者自身学习资质的影响，就像我们平时所说的“他聪明，他学得快”，这也就是悟性和吸收能力，有的人可能过目不忘，有的人可能一眼便知。但记住考研不是短时间的冲刺赛，而是一场马拉松，你可能跑得慢，但你可以早出发。平时注意培养一定的记忆方法，挖掘自身的学习潜力，因为学习资质不完全是天生的，后天也是可以培养的。

（2）探索正确且适合自己的学习方法提高效率

科学合理而又适合自己的学习方法非常有利于提高学习效率，一方面节约时间，能快速吸收；另一方面有效的方法产出高，获得的成果更加丰硕，从而产生正面的激励效果。

（3）学习心态和心情影响效率

抛下杂念和一些无关紧要的琐事，尽量避免他人的消极情绪干扰自己，保持轻松乐观的心态。

(4) 目标要合理

只有制定合理的阶段性目标和长期目标才能够保证进度的平稳和结果的美好。一旦目标制定过高，为了追赶目标必然带来质量缺陷，一旦执行不到就会丧失继续前行的动力；而如果目标制定过低，就无法提高效率、激发潜力。可以尝试着根据实际感受适当调整目标，达到一种“踮起脚尖够一够”的感觉。

(5) 研友相互监督

一个人前行可能会因为缺乏监督和动力而有所怠慢，继而放弃，但是如果和研友一起，可以相互检查和评判试卷，相互监督进度，分享资料心得，实现双赢。

(三) 战术——具体方法＋习惯培养

强大的战略靠战术来实施，资料选择、计划安排、复习习惯、战友选择、总结反思等很多方面，战术上肯定要做细，小到做题习惯，大到计划安排，都要做最适合自己的策略。平时可以多和研友交流，相互借鉴，多反思，多总结。

佳丽学姐小贴士 >>

1. 大三是收集保研、考研目标院校信息的最好时间

因为个别学校会有时限，很多学校官网的文件会过期删除。因此，在明确目标院校之后，一定要在上一届复试成绩出来后及时收集资料，以防后期删除。提前把握好方向，比如，复试科目、复习用书、考试大

纲等。

2. 研友不宜过多

个人感觉两个人的小分队最合适，因为步调容易协调。选择研友时也要注意性格和习惯尽可能和自己相似，不然总是产生矛盾，容易耗费复习时间。

3. 考研同样是一场信息战，一定要及时关注各方面信息

比如目标院校的官网，各种复习资料的更新，最好联系到本校之前考上目标院校的学长学姐，他们的经验和分享会有很大作用。

4. 战略与战术的有效配合

永远不要用战术上的勤奋来掩盖战略上的懒惰，这就是为什么很多“潜力股”因迟迟不明确目标或目标不合理而考研惨败，没有方向或方向错误，再多的努力也是白费，但一旦明确方向，战术上便丝毫不能懈怠。成功的考研者都实现了战略与战术的有效配合。

安徽财经大学图书馆侧影

十一、保研篇

保研是一个充满诱惑力的词汇，很多人心向往之，却到最后关头因为没有做好准备，追悔莫及。以一个过来人的经验讲述自己的保研历程，希望能够让你早做准备。

（一）保研前五问

1. 是否要读研

毕业之后，人生方向的选择可以有很多，读研、出国、工作等，首先你要明确自己的大方向，是否有继续读研的意向和动力。

2. 你有保研的基本条件和竞争潜力吗

与考研无条件的准入不同，保研的校内推免资格需要最基本的学业成绩排名、英语六级等条件，而想要在众多竞争者中脱颖而出，你就必须具备强大的竞争优势，而这些在大三准备考研的时候基本定型，可以衡量一下自身条件。

3. 保研的目标城市

最好和今后就业的城市联系起来，因为研究生期间积攒的很多人脉，比如导师、同学和校友，他们很多在该城市发展，而这份人脉的影响力肯定会随着距离的拉开而不断减弱。另外，在研究生期间你可能会找很多实习工作，也会为今后就业提供机会。

4. 保研的目标学校

一方面，有冲刺也有保底，因为保研相对考研的优势之一，就是选择的多样性，你可以参加很多学校的保研复试，给自己很多机会，抓住机遇冲刺一下更好的学校；但同时也要做好保底工作，毕竟保研耗费了大量的人力、物力、财力，如果最终竹篮打水一场空，再准备考研肯定会措手不及。另一方面，你选择的学校一定是从专业排名、学校名气、地理位置等方面超越你当前的学校，因为我们读研的很大初衷就是为了提升自己的发展平台。

5. 学术型硕士或专业型硕士

与考研一样，保研也需要在学硕与专硕之间取舍，两者对于保研而言没有难易之分，关键在于你对未来的规划与方向。

（二）保研的意义

1. 节约人力、物力、财力

考研是一场漫长的马拉松，不仅要稳住心态，还要讲究学习方法和效率，在一年的时间里，考研的难度以及其所耗费的人力、物力、财力都是可想而知的。然而保研以三年的积淀作为基础，相比而言，努力在平时，在准备时间上少很多，保研后也更为轻松。

2. 部分院校的一些专业只招收保研生

如央财的学硕（硕博连读）只招收保研生，对统考生是不予考虑的。而且一些院校保研生占据了很大的比例，考研生的竞争非常激烈。

3. 多种选择，多次选择

保研有夏令营、预推免、正式推荐三个阶段，都可以通过保研复试拿到录取通知，并不冲突，给予大家多次机会进行尝试；另外，可以同时申请不同院校，即使同一个院校也可以申请不同专业。多个录取通知在手，保障程度大大提高。对比考研只有一志愿，选择面和成功率都大幅提高。

4. 保研生享受入学奖学金

很多院校在同一专业招收的学生中，保研生在入学之初可以享受一等乃至全额奖学金。另外在选择导师时，保研生受到更多青睐。

（三）保研阶段概述

保研之路就是一条闯关之路，你只需拿到两张门卡，即可闯关成功，从大学迈进研究生的大门。这两张门卡一张是本科学校的推免资格，另一张是目标研究生院校的接收资格，有推免有接收，两者缺一不可。但如果你是推免本校的研究生，拿到本校推免资格就行了。保研不是一蹴而就的，而是历经大学三年的积淀，全副武装在人生的十字路口做出抉择，勇敢向前。

保研之路大体分为四个阶段，一是 5～7 月份的暑期夏令营，二是 9 月份的本校推免资格，三是 9 月份的预报名，四是 10 月份的正式推免。第一、三和四阶段都属于争取校外接收资格，只要拿到录取通知，你就拥有了接收资格。

1. 第一阶段：夏令营

本人在申请夏令营阶段的心路历程可谓一把辛酸泪，夏令营的要求相对于预报名和正式推免更为严格，因为各校都想要优秀的精英，只有优中选优再选优，除了极少数学校把保研名额全部给夏令营之外，大多数学校还是考虑到要留一部分名额给 9～10 月份的预报名和正式推免的学生，所以夏令营的名额相对较少，筛选入营资格时更为严格，入营之后的考核方式也更为灵活多样。

第一，信息。因为夏令营是各招生院校自行组织，所以要及时关注目标院校官网；另外，保研论坛会为大家定期推送各校夏令营申请链接，全面而完整，既节约时间又不会错过。

第二，准备材料。要特别关注夏令营各项要求和截止时间，一般有两种投递方式，一种是网申，将相关信息填写完整之后，通过 PDF 或者压缩包方式上传证明材料的扫描件；另一种是纸质材料邮寄，将相关材料打印盖章后邮寄到目标院校，一般以邮戳时间为准，所以千万要在截止日期提前几天寄，以防路上出现问题影响到达时间。

第三，夏令营考核内容相对灵活，一般有参观校园，讲座，目的在于向这些优秀的学子展现学校的实力和氛围，吸引他们前来。笔试和面试一般会考察英语和专业知识，主要目的还是为了考察参营学子的专业素养和综合实力，通常会采用 PPT 案例分析和团队展示、个人报告等形式，较为灵活多样。

2. 第二阶段：本校推免资格

一般是在 9 月份，各学校会陆续发布本校推免资格的申请程序、条件和名额，一般会有成绩、获奖及荣誉、科研项目及论文等方面的要求。在衡量自身符合条件之后，按照相关要求认真准备材料，上交之后由学院、学校评选之后公布名单，多数学校会以成绩为基础，其他各项为加分项，按一定的权重核算总分排名。所以在这种方式下，我们的关键就在于准备材料，更重要的是看我们这大学三年的积淀。还有部分学校的校内推免程序非常严格，除准备申请材料之外，还需要笔试、面试，一般与专业相关，这同时就要注重个人专业积累和专业素养的发挥。

当你顺利拿到校内推免资格，9 月 22 日全国推免系统开放之后，你可以查询到自己“已具备推免资格”，然后完善相关信息，进行缴费，此阶段不可填写志愿。

3. 第三阶段：预报名阶段

部分院校会在推免系统正式开放之前先通过自己学校的推免系统举办复试，提前招人。一般从 9 月初就开始在官网挂出基本要求和申请程序，通过该校内部的推免系统进行报名填写、信息申请，然后等待复试通知，复试一般也是分为笔试和面试，复试通过后即可在推免系统正式开放之后报名该学校，接受复试通知和待录取通知。

4. 第四阶段：正式报名阶段

9 月 28 日推免系统正式开放，大约是在上午 8 点。你可以同时填写 3 个平行志愿，先后顺序不受影响，48 小时之后可以更改。如果你已经在夏令营和预报名阶段拿到了待录取的通行证，就直接填报该学校的志愿，接受复试和待录取通知。如果你没有拿到过通行证或者对之前的通行证不满意，想继续申请，就请填报志愿，等待学校给你发放复试通知，按照规定的时间地点去参加复试，复试通过后直接等待待录取通知。一定要注意收到复试通知和待录取通知后要及时确认，这个是有“保质期”的时间限制，过期不候，错过就太可惜了。不过学信网很人性化，不仅会在系统给你发送通知，还会给你发短信提醒。申请志愿和参加复试时可能会遇到时间冲突的问题，一定要权衡并做好取舍，不要因小失大，后悔莫及。

5. 第五阶段：官网公布名单

大概 10 月全国的推免工作都会完成，在 11 月初各学校会在官网公布最终的推免生录取名单，一切尘埃落定。

一定要注意：有校内推免资格才能进入全国推免生系统填报志愿，夏令营、预报名和正式报名虽然在拿到校外接收资格上有一定的顺序，但他们既不冲突，也不孤立，你既可以只参加一个拿到通行证，也可以参加几个拿到通行证。但无论在这三个阶段里哪个阶段拿到通行证，一定要通过全国推免系统完成志愿填报，接受复试和待录取通知，这是唯一的官方“正门”，切勿跑偏。志愿和复试通知可以填报和接受多个，但待录取通知只能接受一个，除非特殊情况，招生单位是不会取消你的待录取确认，所以一旦点了待录取通知的确认就意味着保研的结束，不要天真地认为为了不错过机会有一个确认一个，后面如果有更理想的学校再取消前面的再确认，这种情况基本是不存在的，所以你在确认之前要做好接受还是拒绝的决定。

佳丽学姐小贴士 >>

1. 保研也需要研友，信息的收集很关键

考研是一场自我奋战的马拉松，保研更像是一场团队协作的战争。无论是学校信息的搜集、保研材料的准备还是各种经验的交流，都需要研友相互陪伴，相互支持。或许在争取校内名额时你们是竞争对手，但一定要在竞争中保持合作关系，相互帮助。

2. 择校时不要为了保底而缺乏勇气冲刺，一定要冲一冲

学校的档次和研究水平对于研究生阶段是非常重要的，一些有形无形的资源对于未来的职业发展也起着非常大的作用，一定要珍惜保研机会，提升下一步发展的空间。

3. 可以保研、考研同时并进吗

有很多学弟学妹在准备的时候是处在保研的边缘，因为不确信自己能否获取校内推免资格，所以做两手准备。如果你考研准备起步较早，而且自身精力很充沛，未尝不可。但保研在准备资料和参加复试过程中是会浪费很多时间，并且分散精力。考研要的是静，而保研要的是动，需要四处奔波，准备材料，分享信息。同时，考研中，专硕初试不需要复习专业课，学硕也是到后期才复习专业课，与保研复试专业课这一方面就在时间先后顺序上有冲突。如果确信自己希望比较大，那就尽力争取保研名额。

（四）校内推免资格如何获取

会计学院的校内推免资格是在符合保研基本条件的基础上，提交相关材料，分类加分排名，然后按比例给予资格。这种选拔方式完全取决于你过去三年来的积累以及对保研的充分准备，只要材料准备充分，加上在同年级同专业中加分排名靠前，一般没有问题。

会计学院一般是在9月中旬上交材料，经学院审核，本人确认，最终确定排名和推免学生名单。

1. 最基本入围要求（此为2016年会计学院保研政策，各年均有所变动，需根据学院最新政策）

（1）无补考重修课程。

（2）本科前三年必修考试课总评成绩排名在所在专业所有学生前30%。

（3）大学英语六级考试成绩在425分以上。

2. 加分项

分为三个模块，六个学期考试课总评成绩占70%，获奖情况占15%，科研与创新能力占15%。

（1）成绩加分：侧重点在考试课，所以一定要认真投入，注重每一门课程的学习。其实，入围的同学考试课总评成绩的差距不是很大，再按70%的比例计算后差距就更小了。所以成绩加分并不会拉大差距。

（2）获奖情况：（不同级别加分不同，同一项比赛以最高级别加分，荣誉称号按获得的次数都会加分）

① 荣誉称号：全国优秀大学生、三好学生、优秀学生干部

三好学生分为校级三好学生标兵、校级三好学生、院级三好学生，

这个是奖学金的组合成果；如果你是班干部、团学青学生干部，可以考虑是否有机会申请优秀学生干部。（注意：国家励志奖学金不加分，优秀共青团干部、优秀共青团员加分）

② 竞赛获奖：由教育部、安徽省教育厅等政府主管部门组织的各类竞赛（如挑战杯、数学建模、全国大学生英语竞赛等），代表学院参加与本专业相关的竞赛并获奖，符合精神文明及和谐社会创建活动条件（见义勇为、志愿服务、支教扶贫等典型事例）中作出贡献。

（3）科研情况主要包括科研项目和论文

① 科研项目：主要是大学生科研创新基金项目，大学生创新创业项目，申请人必须是项目主持人，立项只获一半分值，所以立项和结项时间很重要。

② 论文：一定要注意论文级别，现在全日制本科学校学报是能够确保加分的最低档次；以独立或第一作者公开发表学术论文。

纵观加分政策，主要考察申请人三方面的能力：学习能力、比赛水平所展现的综合能力、科研创新能力。

学习成绩占据比重较大，但比较起来，大家在这方面拉开的差距并不大，都是小数点之后。所以获奖情况和科研情况是重头戏，为了有所准备地跑赢这场马拉松，给大家的建议如下：

（1）多参加专业性质的比赛，不仅可以赢得奖项，锻炼和提高专业知识的应用能力，还可以在保研面试中有“资”可谈。能够保研的人大部分都是学习方面的强者，成绩不相上下，专业性质比赛荣获的奖项是学习能力强的最好佐证，也可以让导师看出你在科研上有着良好的专业基础，而不只是“纸上谈兵”。

（2）多参加英语竞赛，一是培养英语能力和争取荣获奖项，二是研究生期间需要阅读和翻译大量的国外文献，需要良好的英语阅读和翻译能力，而英语又是一门需要长期积累和积淀所形成的能力，更多的要靠实战。长期的比赛锻炼不仅培养了自信，而且在面试中回答英语问题也可以游刃有余，熟练自如。大学期间除了硬性的四六级考试可以激励我们这些“小懒货和拖延症患者”，比赛是一个推动自身进步的很好机会。比如“外研社杯”英语演讲、阅读、写作大赛，全国大学生英语竞赛等。

（3）多参加数学类比赛，尤其数学建模类。这是一类容易获得省级和国际级奖项且认可度较高的比赛，同时可以培养人的数学逻辑思维和创新解决问题的能力，这对于我们经管类学生来说也是一项基本技能。

（4）多做项目。如果有可能，尝试联系导师带着自己做专业性质的项目，大学生做项目的经验和能力都不是很充足，有导师的带领和指导相对容易，而且导师以自身的名望和实力也有利于争取到更好的项目和经费支持。如果没有可能让导师带，那就组建一个团队，一定要找志同道合，不是打酱油的队友，做的项目选题最好和专业相关，一是因为构建项目以及做项目遇到问题都可以应用自身的专业知识；二是为研究生期间做项目积累经验；三是项目若成功，也更能体现你的专业能力。

（5）尝试撰写并发表专业论文。论文的选题可以来源于项目成果，也可以是对专业领域学习过程中的思考，也可以咨询导师手里面有没有好的选题作为参考。好的论文既体现一个学生的专业素养，又能很好地体现他的思考、逻辑思维能力。这也是一个研究生的基本功，如果我们这方面的能力非常突出，或者所做论文切合导师的研究方向或者角度新颖，就更容易获得老师的青睐。

（6）多参加影响力大的社会实践，例如暑期“三下乡”社会实践活动等。我们平时参加的院级校级评奖的社会实践在这里是不能加分的，诸如暑期“三下乡”这样的大型社会实践活动才可以加分，而且典型事例需要公开有影响力的证明。

（7）平时活动一定要参加规定可以加分的比赛，并不是所有竞赛获奖都会加分。

性质不同的比赛加分差别很大，挑战杯、数学建模和全国大学生英语竞赛是官方认可的最容易加分的比赛，但像我去年花费 5 个月和团队代表学院参加的网中网杯财务决策大赛拿到全国二等奖，也只能加 5 分，虽说不能以分数来衡量比赛的价值，但在保研的关键时刻，瞄准方向去努力是很重要的。

总而言之，拿到校内推免资格更像是一场马拉松，这需要三年的积累和沉淀才能成就，拿出自己修炼的功力与竞争者拼杀，要想突出重围，学习是最基础的，专业课的学习更是重中之重，合理安排时间，积极参与各种比赛，力争取得优异的成绩，即使失败也是一种积累。愿你手持磨炼好的奖项荣誉和科研论文两把利剑，愿你战无不胜。

（五）保研材料集锦

在参加目标院校的推免复试（夏令营、预推免、正式推免）前常常需要准备一系列的材料，用以证明自身的能力，获得目标院校的青睐，拿到复试资格。材料通常有两种形式：其一是电子版方式，填写各种资料，并和证书、成绩单等各种扫描件一起上传到报名官网，等待通知；其二是纸质版方式，将填写的表格打印，各种证明材料复印，整理装订好，采用邮寄的方式寄到目标院校。下面将各种材料的取得和整理方式展现给大家。

1. 成绩单

学院教学办公室打印，盖上学院和教务处的公章即可。上面有学分绩点。

2. 成绩排名

准备夏令营是大三下学期，前六个学期最终的成绩排名至少要七月份才出来，学院是无法提前给你提供排名的。你可以和同专业同年级一起保研的同学相互协商，根据前 5 个学期的考试课成绩和综合测评制作出排名，到学院和教务处盖章。切记要真实。待到 9 月份学院将会给出一份考试课总成绩排名让大家予以确认。

3. 证明材料及扫描件

(1) 成绩单及成绩排名（学院和教务处公章）
(2) 奖学金证书
(3) 荣誉证书
(4) 学科竞赛获奖证书
(5) 科研项目
(6) 发表论文
(7) 资格证书（六级证书是重中之重）
(8) 身份证、学生证（正反面）等。

以上证明材料扫描件，有的学校要求放在压缩包里，那要注意分类命名排序；有的学校要求放在 PDF 里，那插入图片也要清晰，总之，要让对方看得舒心。

扫描件建议用“CS 扫描王”，清晰方便，你值得拥有。

4. 个人陈述

一般夏令营都需要。个人陈述主要介绍个人学科背景、奖项荣誉、科研成果与项目经历、未来学习和研究计划、个人职业生涯发展规划等，里面可以穿插进自己对目标院校的了解和热爱，一般读学硕的申请者最好要表明继续做研究的信心和耐心。

5. 推荐信

一般是夏令营需要，要求本专业老师的两封推荐信，有的学校要求至少要副教授以上职称。如果你和老师关系好，老师可以亲自执笔为你写那是再好不过了，但是鉴于老师都比较繁忙，你可以用电子版写好打印后找老师签字，用信封封装。

6. 学院提供的已拿到校内推免资格的证明

有部分学校在复试时要求提供已拿到本校推免资格的证明，如果已经出来且公示完毕，直接将推免名单打印，到学院和教务处盖章；如果还在公示期间，直接写一份证明，附上公示网址，到学院和教务处盖章。

7. 申请表等其他资料

根据目标院校的要求准备就好。

佳丽学姐小贴士 >>

1. 邮寄一定要提前

邮寄时间不是以你寄出的时间为准，而是以邮戳的时间为准，提前寄送，以防因为邮寄延迟错过接收材料的时间。

2. 材料清单一定要清晰明了

在邮寄纸质材料之前可以自己做一份材料清单，既可以自我检查是否遗漏，又可以让评选老师一目了然。

3. 同类型材料过多时，一定要按重要性进行筛选

避免造成重点不突出，材料过于单一。比如校内奖学金和荣誉称号有很多是相同的，每种类型只需要提供一份即可。

（六）校外复试

无论是夏令营，还是预推免、正式推免，大部分院校都会采取笔试和面试相结合的选拔方式，侧重考察专业知识、英语水平以及科研能力。对于部分院校，尤其是招收专硕，侧重于以无领导小组讨论或案例分析的方式评价学生应用专业知识的能力。

1. 材料审核 + 政审

准备好复试需要的所有资料，按照目标院校要求的准备就好，一定要有备份，以免丢失等各种意外情况的发生，学院教务处的公章不要忘记盖。

2. 自我介绍 + 简历

一般 3 分钟左右，准备中文和英文两种，主要从个人学科背景、奖项荣誉、科研成果与项目经历、未来研究计划等方面选择性地做一些简要介绍。导师可能就简历或自我介绍中感兴趣的问题对你进行进一步的提问。

3. 笔试

会计、财务管理专业知识是必考内容，审计专业知识有时会涉及，复习时一定要注重基础，把原理搞清楚，复试之前多关注一些行业热点和前沿知识。

4. 面试 = 专业课 + 英语

英语面试大部分会是简单的日常交流＋专业课问题，平时可以有意多积累一些专业英语，在复试之前加强口语练习。专业课面试是能够给导师留下深刻印象的一个环节，如果你的专业知识非常扎实，而且对于热点问题有自己独特的看法，所展现出的科研潜能就会被导师所看重，所以专业知识和表达能力是非常重要的。

5. 体检

部分学校要求复试时体检，部分学校要求和统考生复试一起体检，按要求去做就好。

（七）保研后的生活

如果你对保研后的生活有所憧憬，这该成为你保研的一大动力。

从去年 11 月到现在，大概 7 个月的时间离别母校。4 个月用来在外奔波实习，培养专业能力，接触职场工作，结交朋友圈子，学着从一个学生到职场人士的角色转换。从内蒙古大草原的清产核资，北京河北穿插的漫长年审，到跨越安徽、湖北、四川多个省市的走访，再到上海远郊、北京喧闹处的年审，5 个项目，一路走来，越来越爱这世界的模样和行走在这世间的人。3 个月用来在家安静陪父母，备考注会，撰写心得。读研的时光很忙碌，转眼即逝，以后步入职场也常常会身不由己，难得有这么一段漫长闲适的时光陪伴父母，小院田间，怡然自得。

保送央财的智妍是一位让我钦佩不已的人，她利用这段时间做了一件让我魂牵梦萦、感叹不已的事情。作为一名志愿者，连续三个夜晚在火车上摇晃，从长江入海口搭绿皮火车去追寻长江的源头，在三江源头做着保护斑头雁的栖息地、鸟调等一系列绿色江河志愿活动。每天从圈里传回来她的动态，或者映着雪山的背影在捡拾垃圾，身着厚厚羽绒服的她姿态最美；或者在带有浓郁西藏风格的屋子里高歌欢笑，满屋子洋溢着志愿者们的热情……看着她用心投入，和一群志同道合的人，在做一件超越自身的事情，是莫大的感动与温暖。

保送中科大的雨萌同样也是一位让我敬佩的人，她用行走的姿态来演绎岁月的静美，找一座小城，不紧不慢，不带有一丝旅游观光的意味，而是慢慢地融入。她的旅行照片里，景多过人，行人多过自己，竹筐里的水果鲜嫩可口，小城的景色静美安逸，我至今都没有搞清楚这是哪里的小城，如此令人神往。

保送合工大的三敏，登山露营，享受挑战的乐趣；保送中南财的芫青，行至厦门，用心感受……

可以说，保研给我们留下了更多自我选择、自我随性的时间，你可以去行走，可以去感受，可以去充实自己，可以去挑战自我。但一定记得，保研的成功是一个起点，是又一段旅程的崭新开始，而不应该是安逸堕落、自我颓废的下滑点。

保研相对考研虽然时间跨度没有那么长，没有那两天战场上的惊心动魄，但绝对是一场能力、勇气与运气的较量。保研是一场信息战，是一场需要精心准备、长久积淀的马拉松，愿你选对起点，坚持在途中，超越在终点。

安徽财经大学明湖景色

十二、就业

就业是多数毕业生的选择，作为会计专业的学子，会计师事务所、公司财务、公司内审、银行、公务员等都是非常适合的就业选择，每个人可以根据自身职业发展规划和个人偏好进行选择。

（一）就业方向

1. 会计师事务所

作为注会、审计专业的学生，很多人倾向于毕业之后去事务所发展，事务所的门槛较低，平时接触的业务面较为广泛，跟随项目组可以接触到的人较多，无论是专业技能、职场经验、还是抗压能力，对于刚出校门的我们都是一个非常好的锻炼平台。但同时，年审压力和工作强度较大，长期出差奔波以及熬夜加班对身体的损伤极大，可能会接触到不同行业、不同性质公司的业务，需要不断学习提升等，这些问题也会制约着一些人投身该行业。

我校毕业生中进入国内八大会计师事务所——瑞华、立信、天健、天职等的人很多，华普、天健因为在安徽境内独特的地域优势也很吸引安财学子，但能够进入国际四大会计师事务所的人却寥寥无几，一般只有几个人会进入德勤北京所或者上海所。

2. 公司财务

在公司做财务也是很多人的选择，起点相对较低，需要一步一步地上升，晋升空间要看财务部的大小、人员的流动率以及其他一些因素。从最简单的岗位、最简单的报销、粘贴凭证等开始。在公司做财务相对稳定，有固定的双休和节假日，除了月结、年结这些特殊时刻需要加班之外，对比事务所而言更有自己生活的空间和时间。

如果是公司集团，在总部和分部的差异还是很大的，总部可能更需要你的沟通和协调能力，因为需要和分公司对接。最终做到一定阶段还会接触到合并工作，提升的空间应该也更大。

3. 公司内审

当前大型公司的内审制度比较健全，但去内审岗位的同学仍在少数。一方面与需求有关，另一方面我们对这个岗位的敏感度也不是很高。内审与事务所工作性质相似，但又没有那么大的强度，有一定的出差概率，比如到分公司和项目上出差，但又有安静坐办公室的时间，工作强度介于公司财务与事务所之间。

4. 公务员

在公务员考试中，财会类学生大多倾向于报考国税局。国税局的工作比较稳定，福利待遇也比较好，更容易受到女生的青睐。

在备考过程中行测和申论也是极其考验人的。如果考公务员，在面试过程中学生干部经历和党员身份将会是一个加分点，而且对方比较重视成绩和奖学金这些荣誉。

5. 国企

例如国家电网，选拔方式与公务员类似。笔试有对国家电网的一些了解、行测、财务知识（会计、财务管理、成本管理会计、审计），面试主要有自我介绍、2 个类似于申论的问题、2 个专业问题，要求规定 5 分钟内作答。整个选拔过程比较严格，录取的比例也比较低，工作相对稳定，福利待遇也不错。

6. 银行

主要分为商业性银行和农商行、农发行这类政策性银行。都需要银行统一类型的考试才能够进入，商业性银行的业绩压力会大一些，刚进入一般是从柜员起步；农发行这类的政策性银行在录取和发展的过程中有些类似于公务员，因为其业务主要是和政府打交道，基本没有业绩压力，休息时间也很充足，这里更注重个人能力的提升，比如考取一些证书会有相应的奖励。

就业方向的选择一定要根据自身的职业发展规划、工作求稳定的程度、工作强度和自身抗压能力等内外因素进行衡量，最好是选择自己感兴趣的行业，这样发展起来也会更有动力。

（二）大学期间可以为就业做哪些准备

1. 专业知识 + 能力积累

无论从事任何行业，实力才是硬道理，只要你足够专业，工作自然不会愁。如果立志从事本专业所处的行业，就必须要强化专业知识。同时，通过参加比赛不断提升自身的综合素质。

2. 不断丰富简历

简历不是求职前临时做出来的，需要平日的积淀，多做几份简历做准备，以防临场手忙脚乱。

3. 积累实习经验

实习是接触职场、体验工作的最好途径，在实习中通过自身的亲身感受去判断所选择的行业和工作是否适合自己，在工作中总结岗位所需技能，确定下一步提升自己的目标。

4. 培养面试感觉

无论是社团面试、比赛的自我介绍、还是模拟职场面试，都能够增强自信，积累面试经验。通过不断的尝试和训练，逐步提高自己的舞台感和临场发挥能力，提升自己的面试能力。

佳丽学姐小贴士 >>

1. 就业要保持好心态

当前毕业生就业压力大，找工作难似乎充斥着每一个毕业季。对于财会类专业而言，就业机会是很多的，之所以出现找不到工作的情况，一方面源于毕业生自身的择业要求较高，有一种“高不成低不就”的心态；另一方面源于招聘单位的需求和预期与实际应聘的毕业生条件有差距，双方的供需要求不对称，产生了一系列的问题。工作肯定会有的，关键要衡量好自身的能力与预期是否匹配，给自身一个准确的定位。

2. 信息搜集与筛选很重要

招聘信息琳琅满目，从各种应聘网站到公司官网，再到学校的就业网，招聘信息扑面而来。如何快速搜集到自己想要的招聘信息而又不错过好机会，平时就要注意收藏和整理相关的网站。另一方面，与就业情况较好的学长学姐、就业办的老师、同届的同学多交流，信息互通有助于掌握更多主动权。

3. 抓住机会，就业时间不等人，秋招机会多于春招

一般秋招找到工作的难度比春招低，因为秋招是本届毕业生第一时间的招聘，无论是岗位还是公司都非常多，可选择面很广，而春招很多公司都是补招或者不再招，名额很少，竞争压力很大。找工作宜早不宜晚。

安徽财经大学图书馆

十三、毕业篇

毕业是大学最美的终曲，从毕业论文答辩到毕业照、毕业典礼，每一个环节都有最美的仪式感。作为大学的最后一站，充满敬意地走完所有行程，为大学生活画上一个圆满的句号。

（一）毕业必备流程图

1. 成绩单，分模块核对学分

（1）学分核对：一般是在大四上，学院教务部门将会下发一个学分汇总表。由学生自行核对每个模块修读的学分，一般是与教务处学生系统或者学生手册里的培养方案进行比对，只能多不能少。多修不需补交学费，少修要补修。

（2）学分替代：如果发现某一模块学分总数少于规定下限，首先考虑是否由于选课时的课程号所属模块与现在不一致，如果这种情况可以申请学分替代。

2. 课外实践学分≥10 分

这一部分主要由团委负责，一般大四上学期学院会提醒学生进入课外实践学分暨导师制系统查看自己的课外实践学分总分是否已经超过 10 分。如果不足，可以补修选相应课程申请。

3. 核对毕业信息和照片采集

大三下学期的时候会以班级为单位要求学生进行毕业信息核对和照片采集，带上身份证拍摄证件照，最后在学信网核对自己的毕业信息，一定要仔细核对，如有错误，及时联系老师更正。

4. 毕业生就业派遣管理系统及生源信息核对

(1) 核对基本信息：大四上学期（大约 12 月份的时候），学院会要求准毕业生进入这个系统，主要是对个人信息的确认和补充。一方面是基本信息的核对，另一方面是生源信息的补充。毕业生需登录系统，查看并确认所有信息无误，点击“确认无误”，以完成毕业生派遣方案中个人信息的确认。

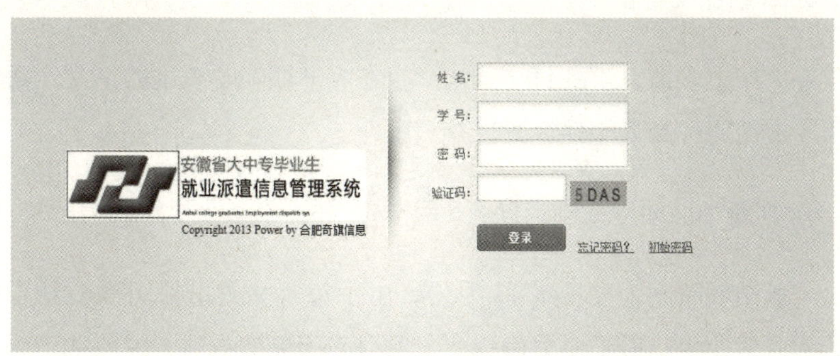

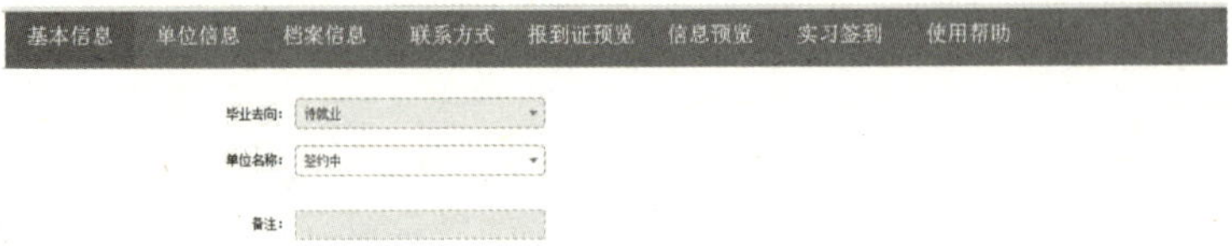

（2）完善单位信息和档案信息：大四下学期 6 月份，毕业生凭借三方协议、调档函等材料修改完善毕业去向信息，查询本人的就业信息、档案邮寄信息、报到证信息等。读研学生以调档函，就业学生以三方协议书完善系统内单位信息和档案信息（档案邮寄地址和户口迁移地址），未就业或就业单位不接收档案的，一律转回生源地人才市场。

（3）最终确认报到证和所有信息：所有信息完善好，核对信息预览，确认报到证。报到证就是你到工作目的地报到的凭证，所以一定要核对无误并妥善保管。

（4）有任何问题，系统内可以自行修改的就修改完保存，不能修改的可以在系统内提交申请或到学院就业处反馈给负责就业工作的老师。

5. 科研论文登记

在大四上学期，学院将会登记学生在大学期间发表过的论文，需要提供论文的原件和复印件等进行存档留存。

6. 创新创业项目提前结项：5 月份

一般结项时间为立项年 11 月份，由于每年 9 月份保研需要结项材料，另外毕业生一般于 6 月份毕业，所以必须提前结项。提前结项的日期一般在 5 月份，前提是你完成了论文发表，这才有结项成果。想提前结项的同学就要保证 4 月份之前必须发表论文，5 月份之前必须拿到原刊，作为结项的依据。

7. 优秀毕业生评选

优秀毕业生评选分为校级和省级两个阶段。

（1）校级评选：一般在大四上学期 11 月份，班级评选出 5 人，只要基本条件符合，上报审核即可通过。

（2）省级评选：一般在次年 2 月份，在获得校级优秀毕业生的基础之上，每班推送，经学院和学校审核，最终确定，荣获“安徽省品学兼优毕业生（双优生）”荣誉称号。

8. 毕业申请、学位申请

毕业和学位申请一般在毕业当年的 4 月份，填写一份毕业及学位申请表和授予学士学位的花名册，将纸质版以班级为单位上交到学院（因学分等问题导致延迟毕业的同学也要提交相关材料）。涉及毕业证和学位证，一定要仔细核对上交的纸质版申请表和学院最终确定的电子版统计表。

9. 毕业论文替代

（1）什么是毕业论文替代

毕业论文替代就是用符合指定条件的本科生科研成果来替代毕业论文，从而不用进行毕业论文设计，但是还是需要正常进行毕业论文答辩。

（2）毕业论文替代要求

2017 届会计学院本科毕业生毕业论文替代的要求如下：

① 在专业期刊上发表与专业相关的、3000 字以上的论文，申请者要求为论文的唯一或第一作者。学院认可的专业期刊级别请参考学生手册，是

否属于 CSSCI 及 CSSCI 扩展版来源期刊以论文发表当年期刊的级别为准。

② 论文入选国内外高级别的专业学术会议，且全文收录在会议论文集中。论文字数和作者要求同上，参加的专业学术会议级别是否符合本要求需经学院教授委员会认定。

③ 学生以专业相关的科研作品参加国家、省级学科竞赛获奖，奖励等级在三等奖及以上。

④ 获准立项并且已结项的，与专业相关的国家级、省级大学生创新创业训练计划项目，申请人需为主持人，凭结项证书进行申请。

⑤ 经过实地调研，学生运用专业知识创作的 5000 字以上的调研报告，要求申请者为第一或唯一作者。

（3）如何替代

一般是在大四上学期 11 月份，填写《安徽财经大学会计学院本科生科研作品替代毕业论文（设计）选题申请表》《安徽财经大学会计学院本科生科研作品替代毕业论文（设计）申请表》，本科生导师审核同意签字后，将表格一式两份交至学院本科教学科研管理办公室，同时提交申请替代的科研作品及相关证明材料的原件和复印件各一份（2 个申请表，申请人和导师签字；原刊、复印件、知网查重报告）。学院教授委员会认定通过后，学院网站将统一发布通过毕业论文替代的学生名单。替代结果一般在次年 5 月份公布。

佳丽学姐小贴士 >>

1. 替代途径

替代途径要注意与专业相关，从替代途径而言，可行性最高的是发

表一篇与专业相关的本科学报论文。其他替代途径中一定要注意个人必须要是项目主持人、第一作者或者独撰、获奖级别等。

2. 毕业论文替代后的答辩

毕业论文替代虽然免写，但必须参加答辩。在替代成功后，仍要对论文要点框架进行梳理，为答辩做准备。毕业论文替代后的答辩是与普通论文答辩一同进行。

10. 毕业论文

(1) 开题报告：一般在大四上学期 11 月份，导师会组织学生进行选题，构建论文框架。

(2) 撰写论文：从开题之后，考研同学一般复试之后，开始撰写毕业论文，其间根据每个导师的要求和进度不同，会有初稿、二稿……终稿、最终定稿。撰写论文两大要素就是格式与查重率，在此基础上尽量提高论文质量，注重专业、贴近实际、运用案例、融入前沿热点。

(3) 查重：终稿定好之后，学校规定必须提供知网查重报告，有四份。平时可以先用其他途径查重来降重，以节约经济开支。

(4) 答辩：一般是在 6 月份，将所有答辩材料上交（论文＋开题报告＋查重报告＋毕业论文设计＋答辩记录表），学院会成立答辩评审专家小组，一般是由你的导师和其他导师组合。答辩时首先是自我介绍，然后阐述论文设计，评审专家再针对你的毕业论文提问几个问题。

11. 实习报告＋实习证明

(1) 实习证明一定要用《安徽财经大学会计学院学生实习鉴定表》这个模板，将实习内容填写好，到实习单位人事部门加盖公章或人事章，一定不要盖财务章。

(2) 实习报告由实习计划、实习周记（共 8 周）以及实习报告组成，最低字数合计 8300 字。

(3) 这部分材料（实习报告和实习证明）要与答辩材料一同上交学院。

12. 高校毕业生登记表

一式两份，学院下发，主要填写个人的基本信息、入团入党情况、家庭成员情况、大学期间的表现等。一定要认真填写，因为毕业生登记表要放入个人档案，是对学生大学期间各种情况的概述。

（二）毕业必备材料

1. 上交：三方协议、调档函

顺利就业的同学填写好三方协议上的个人信息，在就业单位加盖公章后，上交到学院负责就业的老师，由学院统一录入毕业生就业信息系统。

2. 领取：毕业证、学位证

毕业证和学位证是大学四年的结晶，一般在 6 月下旬领取。具有唯一性，不可补办，一定要妥善保管。

3. 转移：档案、党（团）组织关系、户口、资格证书

(1) 档案的转移

需要调档函，就业的同学取决于对方单位是否接收档案。如果接

收，开具调档函；如果不接收，可以考虑放在当地人才市场。读研、出国深造的同学持空白的三方协议和录取通知书办理调档。

（2）团组织关系的转移

4 月份会给团员证加盖“转出”章，个人携带到读研的学校或者就业的单位转入就好。如果对方需要介绍信，可以到学院团委开具。

（3）党组织关系的转移

要开具介绍信，一定要注意介绍信的抬头。学院为大家开具好之后，确认信息，自行带到目的地，将回执寄回学校。

（4）户口的转移

如果上大学的时候转过户口，要到学校的户籍管理部门进行转出，读研同学可以转到研究生学校，就业同学看对方单位是否接收户口。如果接收可以转到工作单位，如果不接收就要转回生源地。学校会统一为大家开具迁移证，然后下发。

（5）资格证书的转移

会计从业资格证书如果当初是在蚌埠考取的，而读研或者工作的单位在省外，要将其转回去。（自 2017 年 11 月 5 日会计从业资格证书取消，转移则不需要）

4. 注销：电话卡、银行卡

（1）如果今后不打算用校园的手机号码，在临走之前要注销，因为不能异地注销。如果要他人代办，要提供注销人和代办人的身份证原件。

（2）从 2016 年 11 月银行卡办卡限制出现之后，每个银行同一持卡人只能申请一张银行卡，为了防止异地业务的不便，可以考虑将银行卡注销。

（三）来一场不一样的毕业礼

1. 看一场毕业晚会

和一群人一起回忆四年的味道和大学的感觉，是一件很美妙的事情。我们不再在意节目是否精彩，而是在短暂的 2 个多小时一边观看一边回忆过往的岁月，一群人陪你一起笑，陪你一起哭，陪你一起说再见。

2. 拍毕业照——拍的是当下的心情和最珍贵的回忆

曾经一直以为毕业照一定要美，学士服一定要正式，后来发现，一天拍照下来，这份享受现在、不念过往、不畏将来的心情弥足珍贵。没有刻意的化妆，没有精心的打扮，只在意班级里 48 个人是否在场，只在意每次咔咔时我们是否开怀大笑，放飞自我。照片可以定格岁月，凝固时间，曾经最在意的是有一天可以用来回忆，后来才发现我们在一起的日子最珍贵。

3. 毕业聚餐——聚的是四年的感情和最美的别离

每年一度的班级聚餐，我们总觉得还有很多机会，但当毕业季来临，每个人脚步匆匆朝着未来的方向，我们的每一场相聚都要冲破各种的阻碍。或许会有人酩酊大醉，或许会有人痛快哭泣，或许会有一对对潜伏了多年的缘分浮出水面，尽情高歌，放飞自我，人生难得有人相伴四年，和你度过最简单最纯真的学生时光。在这个燥热的夏日，喷涌你的热情。

4. 最后一堂班会

以后再也没有导员的叮嘱，班委的各种通知，再也不用被强迫走进这个四四方方的小天地，和曾经的你们拥挤在一起，互黑互损互相嘲笑。是的，再也不会有了。

来一组班级活动照片、个人四年对比照、各种创意真人秀表情包，来一段班级表演小视频、班级活动花絮，让我们在这个夜晚一起回味曾经的点点滴滴，不畏离别的悲伤，只言遇到你真好。

5. 上一次最爱老师的课

如果你选择就业，大学可能真的就是你最后一段学习时光，从此老师和课堂也只能成为回忆。虽然曾经我们揉着惺忪的睡眼，拖着熬夜疲惫的身躯走进课堂，我们也时常厌烦老师的天书，或许也讨厌密密麻麻的试卷，但现在想来，都是如此美好。走进教室，伪装成一枚学弟学妹，再上一次最爱老师的课，听她熟悉的声音，看她讲课的姿态，回味昨天的我们。直到回忆被一声惊醒“同学，你来回答一下这个问题……”

6. 来一场自习室之旅

去西校大一的自习室安静地看会书，回忆大一刚入学全班同学全员到齐上自习的闷热夏季；在考研自习室安静地回忆昨天，思考明天，看着学弟学妹奋笔疾书的身影，也为自己曾经的奋斗岁月感慨过，路在前方，行在脚下。

7. 去图书馆畅读

入学伊始列的密密麻麻的书单至今仍然未完成，也没有整天泡在图书馆难以自拔。徜徉在书架间，坐在书桌前，图书馆永远散发着迷人的书香，是一方隔绝外界的净土；抑或席地而坐，畅读一天，忘记这个世界的一切，在另一个世界肆意遨游；抑或捧一本书，临窗独坐，享受清风拂面，心静气爽。

8. 夜跑

夜晚，在操场酣畅淋漓地跑到无尽头，脑子里只有前方和音乐，忘却自己和周围的一切存在。这是当年压力大时、困惑时、发困时最好的发泄方式，那种筋疲力尽带来的酣畅淋漓。归途总喜欢蹦一下，挑战上空的树叶，仿佛每一次跳跃都能拔节，只不过在享受那份身体的舒展。

9. 漫步安财

四年里对这个曾经陌生的地方了如指掌，如同家一般。慵懒了四年，日出总是沉溺在自己的梦里。那就看一次安财的夕阳，去明湖木桥边坐着木凳发发呆；慎思、文传的楼顶有别样的风光，交流空间和图书馆的咖啡厅也有别样味道；从林间穿梭，在小径通幽，那些人烟罕至的地方也有我们的脚印；夜晚，在操场躺在草坪上看星星，且听风吟。

10. 寝室卧谈会，畅谈到天亮

大学四年，寝室最大的晚间节目便是卧谈会。我们都有着青春的稚嫩和无限畅想，也都有着对未来的迷茫和困惑。夜晚静谧，最易引人回忆和沉思，一个人的沉思到一群人的畅谈，激发出的是一次次智慧与欢乐的火花。你涉猎广泛，她思想独到。听听你的故事，讲讲我的畅想。

感谢 1000 多个日日夜夜，有你们的陪伴。

11. 去见想见的人

老师、同学、朋友、哪怕只是一面之缘的过客。这次毕业季归来，大多是久别重逢，今后相聚又不知是何夕。虽说感情很深，但时空也是无法避免的阻碍。那就活在当下，及时行乐吧。正如给大叔的留言："见一面就有一面的欢乐，在一天就有一天的陪伴。"

相聚不一定要多么隆重的形式，也不要总是惯性地大吃大喝，可以一起大嗨去 K 歌，一起在操场游戏。当然，我们也可以来一场平淡柔和但却走心的相聚，去散步，去运动场健身，去龙湖走走，去操场一起看星星，去自习室安静地伴着各做各的一份事去。喧闹嘈杂的外界容易淹没内心的声音，我们不要浅显只重形式的相聚，而是内心弥足珍贵的交流。

于是，无论前一晚闹到多晚，第二天依旧 7 点约好早饭；无论一天嗨到什么程度，还是喜欢和你出来静静地散散步；无论杂事有多么多，还是习惯去自习室安静地坐会……约早饭，约自习，约散步，约龙湖，就是这样淡如水仿佛没有一丝波澜的平静，让我们更加珍惜相伴的日子。

12. 骑自行车环蚌埠游，用脚丈量这个陌生又熟悉的城市

读大学，不仅是认识一所学校，也是习惯一座城。蚌埠虽然没有太多的风景名胜，但很多地方依然可以留下我们青春的足迹。骑一辆单车，去锥子山遥望一圈，去张公山看看塔顶风光，去博物馆和城建馆感受这座城市的历史，去淮河文化广场看人来人往。最爱龙子湖，每次都可以遇见不一样的玩法，木桥穿水，沙滩徒步，倚坐大石里看

漫天星辉……

13. 去看导员大家长

导员更像大学的家长。我们的小导员仲老师读研、考注会、读博、结婚生子，一直都是我们心中最暖心的大姐姐和最敬佩的榜样，常常拿工资请我们吃饭，还去她家嗨皮地 DIY。远在他乡，有一份如此亲人的温暖和感情，是莫大的感动。

14. 写信 + 明信片

以什么方式开始，以什么方式结束，喜欢这种将我最爱的笔墨纸和文字交融在一起的融汇情感的表达。高中时期喜欢给父母写信，上大学之前给所有亲人写了一封信道了那份别离与感恩。现在便让我也以这种发自内心的方式和你们道一声“遇见你真好”，不言离别，不道悲伤。

15. 送一份走心的礼物

一份礼物，承载的是一份感情以及你对他的喜好、性格、兴趣的认知，茫茫人海相聚不易，如果可以，这算作一份信物，承载过去，开启未来。礼物不一定要多么贵重，而是要真正走心。

16. 道一声感谢

四年在这个陌生的地方拥有了如此多姿多彩的青春时光，从孤身一人到视此为家，感谢生命里遇到的每一个人。无论我们仅仅是相遇，还是相知抑或相伴，都要感谢那些一直为我们奉献的人。每天喊着刷卡刷卡的宿管阿姨，每次说“丫头，吃啥”的食堂阿姨，无数次被赶着封楼的守楼大叔，还有每次拖地起身都能收到她脸上笑容的保洁阿姨……谢谢你们无声的存在，让我们的回忆如此美好。

17. 跳蚤市场

这是安财毕业季的又一场盛会。在这里，有学长的吉他弹唱，有学姐的欢乐交流，没有那么浓重的商业气息，更多的是一份交换和分享的快乐。同时，也是认识学弟学妹的契机，是安财情缘的一份传递。

18. 毕业季草地音乐节

这是继十大歌手之后，安财又一场音乐盛会，也是毕业季最亮丽的一抹色彩。在东操场的绿茵上，搭建露天的舞台，激情的歌声环绕校园上空。夜幕降临，闪光灯炫耀出迷人的色彩。这个毕业季，来一场音乐之旅，酝酿我们的毕业情怀。

梅花香自苦寒来

十四、大学成长小贴士

（一）你最关心的几个“分”

1. 学分绩点

加权平均分，学院教务部门查询学分的电脑会依据一定的公式计算好。如果需要，直接打印“成绩单”即可，通常为个人基本信息，截至目前所修课程（包括所有必修课、选修课、网课）及成绩、学分和绩点。

2. 综合测评分：德育、智育、体育

（1）德育：基本分＝80

加分项：①大众分：按班级要求参加活动，2 分；②任职分：校级、院级、班级学生干部（分级别加分）；③参加活动（签到）；④参加比赛一除学科竞赛、体育赛事之外的比赛（院级、校级、省级、国家级，按级别加分，同一比赛以最高分计算，不重复加分）；⑤卫生检查获奖；⑥社会活动获得表扬和表彰。

(2) 智育：基本分＝该学期所有课程平均分（只要是计入教务系统的成绩均算）

加分项：①学科竞赛；②发表论文；③主持课题并结项；④社会实践获奖；⑤职业或技能资格证书。

(3) 体育：基本分＝80

加分项：参加体育赛事获得的奖项。

3. 课外实践学分

(1) 参加活动参与分（签到）

(2) 参加比赛（奖项级别区分，同一比赛以最高分计算，不重复加分）

(3) 青协志愿者活动分（青协志愿者平台，必须要修满一定的志愿活动分数）

佳丽学姐小贴士 >>

1. 积极参加才能“有分可申”

大学要平衡学习与课余生活的安排，积极参加比赛活动，提升综合素质，这些都是潜移默化的。可能你不一定能够拿到奖项，也不一定获得荣誉，但这是一个锻炼和积累的过程，你的自信和表现力都在无形中得到了提升。

2. 做好备忘录和登记表

好记性不如烂笔头，利用 Word 和 Excel 来记录修读选修课的情况，分模块安排自己每个学期的修读课程；另外，及时记录所参加的活动和比赛，以防在写申请时苦思冥想，挣扎回忆。

（二）几大备忘录神器

学会整理与总结归档是自我管理的重要方面。学会文件整理和分类保存，最好的标准就是你能快速找到自己所需要的东西，那么你的自我管理就是成功的。面对信息的多样化、每天繁杂的通知、各式各样的资料，一定要建立好自己的资料库和档案库。

（1）基本信息备忘录：个人基本资料集锦（入团时间、入学时间等）。

（2）入党流程备忘录：关键事件和时间要明确记录，方便填写各种党员材料。

（3）选修课完成进度备忘录：以防某个模块没有达到修读下限，及时总结，及时调整选修课安排。

（4）成绩学分统计表：关注绩点，方便申请实习、评奖评优及时应用。

（5）参加的活动、比赛以及获得的奖项集锦库：用来申请课外实践学分、综合素质、评优评奖；丰富简历内容。以“时间＋地点＋事件＋结果（奖项、荣誉、收获）”的形式进行记录。

（6）证书集锦库：用来充实简历。用 CS 全能扫描王将证书扫描，按模块分类存放，按时间顺序或者级别编号、命名，方便查找。

（三）修炼几大实用技能

1. 熟练掌握 Word、Excel、PPT 及其拓展功能

常用办公软件的使用无论是在大学的班级工作、社团活动，还是实

习以及今后步入职场，都是一项必备技能。除了掌握最基本的功能，Word 里对于图片和表格的插入，以及撰写报告和输出为 PDF 都是很常用的。Excel 的拓展功能是最为强大的，尤其对于进入事务所的同学，很多审计工作底稿都是用 Excel 来完成的，Excel 中关于数据的整理、复杂公式的编辑等都非常重要，可以通过参加学校的选修课提升自己的 Excel 应用技能。PPT 作为课堂展示、比赛演说、工作汇报的重要工具，能够制作出精美的 PPT 很大程度上提升了展示的效果，平时可以收集一些模板以备不时之需。

2. 剪辑视频

VCR 作为参加比赛的有力助手，在很多比赛中的自我介绍环节都有应用。另外针对一些专业性比赛，例如毕马威的管理会计案例大赛、德勤的审计案例大赛、瑞华的审计精英挑战赛，在初赛的筛选环节都要求制作情景展示或者 PPT 演说的视频，以此作为筛选的依据。用于简单拼接的视频软件，如爱剪辑、快剪辑、iDo 比较容易上手；绘声绘影需要一些剪辑技术的积累，相应的视频元素也更为丰富；Premiere 视频软件则属于专业性质较强的软件。

3. 修图技能

从最简单的证件照换背景到比赛中需要的各种参赛照片，自己掌握一门修图技术是非常重要的。简单的软件手机都可以完成操作，专业性的可以学习 Photoshop，学校为大家开设了这门选修课，感兴趣的同学可以选这门课程。

4. 数据库应用和文献搜索

撰写论文和拓展专业知识的一个重要渠道就是大量阅读相关领域的

文献，而对于财经学子在做案例分析和财务分析的过程中经常要使用到众多的财务数据和财务指标，数据库将是一个重要的工具，能够保证数据的快速获取，提高效率。

（四）培养几个好习惯

1. 记账——会计的理财头脑

这也是追求经济独立和自我承担责任的一个表现，要对自己和自己的生活有最基本的掌控，这同样也是自律能力的一种体现。我的记账方法很简单，收付实现制，单式记账法，左侧收入，右侧支出，每个学期结账一次，当然还要有账实核对，最后分析一下主要花费，哪部分是可以节约的，最终对下一期有开源节流的总体规划。合理规划和明细收支是一项避免吃土的好方法。

2. 写日记——学会自我交流与对话，做一个有温度的人

写日记的作用有很多，每天一记方便对一天进行总结和反思，也是一天中沉淀自己的最好时刻；写日记也是一段独处的时光，是一段自我交流与对话，人一定要学会独处和接纳自己，才能更好地反思；在每天的记录中，总结能力和撰写能力也与日俱增，写日记也是一种练笔，对日后汇总工作写总结都有一定的促进作用；日记是一本回忆录、反思录、忏悔录，她是你最忠诚的树洞，是你最好的倾听者，也是你最信任的保密者，像你最真挚的朋友。你可以向她倾诉不快，可以向她分享你的欢乐，可以让她记录你的独特记忆……

大学四年，由十几本的纸质日记用笔书写的点点滴滴，再到十几万

字用键盘敲击的日日夜夜，完整地记录了我的大学生活。从人到事再到物，从琐碎到沉思，从只知喜怒哀乐到探其根本，从群居的热闹到一个人的宁静，这是一片安静且富饶的土地，承载了太多的岁月、情感、思想。

写满了1400多个日夜里自己的经历与感悟，有过哭，有过笑，有过欢喜的收获，也有过痛苦的折磨。基本每天都会完成和自己的对话，开始是固定的伏案灯光，沉迷在自己的小世界回忆畅想。后来当日程紧凑起来，在外奔波的工作繁忙起来，我开始习惯在手机便签里随时随地记录下自己的感想，有时是在路上、车上、发呆闲谈后，有时是在晚睡前，没有固定的时间，没有固定的灯光下伏案，而是在手机便签和电脑里写日记。除了时间和地点的限制之外，更能感受到敲字要比手写更能追上思路和情感的步伐。一本电子日记在不断地码字中积淀了过往的岁月，但唯一遗憾的就是不能享受灯光下伏案的宁静和一摞摞日记堆叠起来的沉淀感，也少了那份孤灯下安静抒写的踏实感和肆意创造的快乐感。

如今回忆起来，当我每次遇到困难觉得自己快挺不过去的时候，就翻翻过往的岁月，向它倾诉当前的境地，然后继续前行。可以说，日记是我最亲密的朋友，它陪伴了我所有的岁月，记录了我一点一滴的成长。日记也是我最忠诚的朋友，它就像一个树洞，可以放心大胆地向它倾诉，不用有任何后顾之忧。当我再次捧起过往的岁月，看看字里行间的情感，甚至还能感受到当时的心情。我深深地感谢走过的每一段岁月，岁月无伤，我们无恙。日记，不仅是一种记录，也是一种宣泄和分享，更是一种陪伴。

长期写日记的习惯让我爱上了写作，由日记到随笔分享、读书笔记、书评、电影电视剧评论，再到深度思考的文字，写作已经成了我生活中的一大乐趣，也是一处最寂静的发泄之地，那是一处自我修炼的空间。这种生活轨迹的记录，回忆起来是一种美好感和踏实感，就如同有一个人陪你走过并见证了所有岁月。

3. 计划日程记事本（事前提醒）——贴身小秘书

大学的生活是忙碌而且繁杂的，课余生活的丰富和社交圈子的不断扩大常常会让我们手忙脚乱。通过一个计划日程记事本，我们可以在有通知和预约时提前安排好，以防错过时间。另外，随时记录日程与重要安排，分清轻重缓急，方便将空闲时间合理有序地安排学习、生活、社交、活动。一方面保证按时守时完成重要事件，另一方面提高自己对时间的管理能力。

4. 标志事迹本（事后备忘）——自我经历档案库

生活的繁杂让我们日益感觉记忆力的下降和回忆的无奈，如果将所经历的重要事件记录下来，方便日后使用时能够随时提取这个档案库，那么一本标志事迹本意义重大。

将大小经历以时间、地点、事件、结果（奖项、荣誉等）等因素记录在案，用在课外实践学分和综测加分统计时，用在填写简历内容时，用在评优推荐自己时。好记性不如烂笔头，免得在需要的时候搜肠刮肚、艰难回忆。另外，这也是对自身经历的一个美好回忆。

5. 随感便签——行走并思考的你

大部分时候我们都是一个独立的个体，走在路上，坐在自习室，看书看电影，没有一个人可以时刻陪伴着我们，更重要的是我们有自己的心理活动和对这个世界的自我感知。我们每个人对生活都有自己的思考和温度，每个人都可以将所想转化为文字，运用文字为自己的生活添彩。

随感，让我们能够抓住稍纵即逝的灵感激发，能够触碰自己灵魂的深处，也能够更为清晰地感受对自己对世界和他人的认知。

6. 读书笔记、美文摘录——自我修养的提升

当前网络发达，自媒体时代每个人的发声都可以随处被听到。各种真鸡汤、假鸡汤、毒鸡汤充斥着整个社会，有些人沉迷鸡汤难以自拔，有些人厌恶鸡汤反感至极。但个人认为一定的心灵鸡汤，只要不富营养化，也是一种乐观向上的激励。人毕竟不可能长期处于一种积极向上的状态，低谷低落时有发生，但并不是每个人都能够强大到自我克服。而这种心灵鸡汤式的自我修炼与鼓励，既可以让你有一种感同身受的安慰，又能够无形中给你一些激励，这就是语言的力量。

做了这么多年学生，很多人都自称爱读书，读过很多书。我曾经也把读书列为一项自己的爱好，后来仔细思考我确实没有把它上升到爱好的级别，没有非读不可的欲望，也没有读过很多书的积淀，更没有对读过的书进行深入思考，着实配不上爱好这个词。出于记忆力不好和强迫症，每次读书都喜欢做厚厚的读书笔记和摘录，其中包括美文佳句式的自我熏陶与提升，知识常识性的自我培养与促进（功能性的各种技巧、记忆法、思维图、常识等），还有那些能够触动情感和灵魂的句子等。读后一定要写随感和分享，作为对这本书的献礼。一方面读过一本书多多少少都有那么一点两点感悟，一边写一边回忆一边再感悟；另一方面，这是一个知识共享和讲究交流的时代，可以将自己的读书心得作为一种对他人的推荐，也可以发现同样的爱好者一同交流心得，营造一个读书圈，何乐而不为。

对于读书这件事情，大学期间确实没有做足，读书很多时候带有功

利性，很多时候范围很狭隘，很多时候只是泛读。读书这件事，不仅要在心灵上有倾向的爱好，更要学会选择，大学需要广泛涉猎，不拘于一格，不要给自己设限，读之、思之必有收获。

7. 创作集——写下你的文字和故事，留下你的思考和记录

一直以来没有什么爱好和特长，自从发现文字的魅力，便就这样一直写下来。喜欢一个人静静地独处写作，行走时在思考，静坐时便写作。其实我们每个人都是一个小作家，起码是我们自己生活的记录者，从空间说说日志、朋友圈、微博、脸书等各种社交平台，到知乎、贴吧等各种交流网站，无一不体现着我们对于自己和生活的思考，与对于这个世界的观点和态度。只不过我们从来都是有感而发，没有刻意的记录和总结，也没有长篇大论的习惯。

其实，来源于生活与自己内心的文字本身就是一种创作。虽然我们没有那么多的写作技巧，也没有那么多的文学积淀，但每段文字都来源于自身的灵感激发和真实想法，这本身就是弥足珍贵的。创作集也是一种自我积淀：①总结反思自己；②做各种分享（读书分享、书评影评剧评）；③观点评论，答疑解惑；④生活感悟，随感而发等。一方面可以锻炼思考能力、培养总结能力、看待问题的观点表达以及文字撰写能力；另一方面给自己一个享受生活和自我宣泄的空间。

8. 旅行日记——身和心同时在路上

旅行也是大学生活中重要的一抹色彩，不仅要心在路上，脚步也要在路上。曾和那么多的人，走过那么多的地方，积攒的那么多火车票、门票、电影票，每一处脚印都是一份回忆。外出旅行，注重开阔视野，增长见闻，更要注重身心的融入和内心的修炼。

安徽财经大学图书馆

十五、经济独立

大学期间我也一直在努力做到经济独立，一部分来源于学校的奖学金，这是努力学习的反馈和回报，而且这并不需要你付出多大的代价，所以永远不要看不起努力学习的人，这起码可以证明他做事的状态，每一件事他都在尽力。另一部分来源于兼职，其实我只做过一次兼职，是发传单，可以说这种靠体力的兼职真的很辛苦，正是在这种炎炎烈日下想到父母的艰辛，更加坚定自己要经济独立，还萌生了为父母攒钱的心思。还有一部分是从大三开始，我就利用寒暑假参加专业实习，因为一直的职业规划都是进事务所，事务所的实习门槛相对较低，而且需求量大，抱着专业学习与赚钱独立双丰收的心态，我确实在事务所收获了很多。其实，相对比身边的同学，我为自己经济独立所做的努力远远不够，没有经历那么多的磨炼，也没有理性的投资理财之道，只在开源节流方面做了一些努力，为父母减轻了负担。

如果你真的想要做到经济独立，我身边有几种做法可供参考。当然，每个人身处的环境不同，机遇也就不同。

（一）助学金

1. 国家助学金

国家助学金分三档，分别是 4000 元、3000 元、2000 元，分两个学期发放，每个班级按人数比例确定一定的指标，每学年评审一次。

在大学入学前收到录取通知书里，学校会一起邮寄一个粉色小册子，上面具体说明了学校的奖助体系。如果符合助学金的申请条件，需要在家乡开具证明带到学校。获得助学金的前提是必须先进入安徽省高校学生资助管理系统的贫困生库，每个学年都进行一次贫困认定，一般需要提交的材料为贫困生信息表 Word、贫困生信息导入表 Excel、贫困生家长信息导入表 Excel，第一年还需要提交家乡所开具的《高等院校学生及家庭情况调查表》，一般为县民政部门或镇政府盖章。

2. 企业助学金

很多企业会对学校里品学兼优且家庭经济困难的学生进行资助，例如华普奖助学金、正正助学金、鲁东山助学金等，一般资助为 1 学年进行评选一次，资助金额不等。

（二）奖学金

1. 校级奖学金

每学期评定一次，一般需要在学工系统申请，每个奖项金额不等，

200、300、500 元。最终评选出“校级三好学生”和“校级三好学生标兵”，这两个荣誉称号需要至少获得三类奖学金才能拿到（2013 级）。

（1）**奖学金**

① 学习优秀奖：根据期末成绩在同专业同年级排名分为一等、二等、三等，系统会自动评选出。

② 综合素质奖：根据德智体三者的综合成绩在同专业同年级位于一定比例之内，学院会自动评选出。

③ 精神文明奖、社会实践奖、社会工作奖、文艺活动奖、体育活动奖等；除精神文明奖申请要求较高，需要有突出贡献者，经过学院和学校的审核才能确定。其余奖项每个班级都有固定的指标，由班级自行评选出，申报给学院、学校即可。

④ 毕业班奖学金：优秀成果奖（论文）、外语优秀奖（六级成绩高于 550 分）、突出贡献奖……

（2）**荣誉称号**

在获取奖学金的基础上，可以继续组合获取荣誉称号。校级三好学生标兵、校级三好学生、院级三好学生，这些在保研获得校内推免资格时是一项比较重要的加分项。

2. 国家奖学金

每学年评定一次，8000 元，每个学院每个年级都有严格的指标，一般我院 8 人左右，可见获得者的优秀程度。

在符合申请的基本条件后，填写申请表，上交到学院，由学院讨论评定。多年经验看来，学年内两个校三好学生标兵是最基本的条件，再加上比赛获奖、做项目和发表论文等有较为突出的成绩，获奖的可能性才会更大。

3. 国家励志奖学金

每学年评定一次，5000 元，一般每个班级两个名额，申请者必须是贫困生库的学生。由班级进行评选上报给学院即可。

4. 企业奖学金

很多企业会对学校里品学兼优的学生进行奖励，例如天安奖学金、瑞华奖学金、天健奖学金等，一般奖学金为 1 学年评选一次，奖励金额不等。

（三）比赛奖金

学校里各种类型的比赛有的会按获奖级别设置一定的奖金，参加比赛既增长能力又能扩充小金库，何乐而不为？犹记大三参加国家级“网中网杯”财务决策大赛，历经 5 个月的准备和参赛时间，国赛二等奖奖金团队分下来每人只有 200 元，但努力的过程和能力的提升是更为有价值的，让我们五人开心得不得了。

（四）实习

最好将兼职工作与专业实习相结合，为未来的工作奠定基础。我们每做一件事都应该为一个目标服务，而不是茫然的胡乱尝试。针对会计审计专业，其实从大二开始就可以找到一份事务所的实习工作。我们当时大多数人都认为“我还没有专业知识的积累，我无法做相应的专业工作，我会手足无措，我会害怕和恐惧。”其实，当我们刚步入职场，很多东西都是从头做起，以事务所的审计工作为例，实习生所做的工作从一开始都是师傅手把手教，然后通过不断地重复，熟能生巧。况且我当时从大三寒假开始实习就觉得为时已晚，早点接触实习，更清楚自己在专业课学习中应该侧重和弥补哪些方面。在这方面印象最深的是同学宇，宇自学 ACCA 成为他进入立信的一大敲门砖，从大三就通过立信的实习生直通车一直参加立信的实习，而且有专业的导师指导和培养，还有职业规划方面的指导，长期以来对工作的入手和与经理关系的融洽都为宇更便捷在立信工作提供了良好的基础和铺垫，当然实习生工作也是有相应收入的。更为现实一点讲，正如之前我一个同学在事务所的感受，出外勤不是客户单位管吃管住就是事务所报销，起码除了实习工资外，还节约了生活费，这也是一笔收入。

（五）兼职

大学生兼职充斥着市场的各个角落，但很多兼职是占用大量时间、耗费体力并且廉价的。从第一次发传单到被推荐做家教，总结了几种既能获取兼职的价值、又能从中收获成长的兼职。

（1）家教：是一种相对轻松而且收入颇丰的兼职，类似的还可以做一些考研机构、教育机构的代理，这两者都保证了你有持续的学习激情。

（2）销售性质的工作：销售工作对于市场营销专业的学生其实是一次很好的社会实习，于我们外专业而言也可以提高我们与人沟通交流和推销的能力。因为人生本就是一场推销，而我们最大的成功就是将自己推销出去，考研复试就是将自己成功推销给研究生学院，找工作就是将自己成功推销给招聘单位，找对象就是成功将自己推销给恋人。

(3) 发传单、服务生等：这类兼职一般都比较耗费体力，可以体验社会工作的辛苦，激发自身内在的斗志。

一定记住我们所做的兼职不只是为了赚钱，更要从中有所收获。洗碗、端菜、发传单，并不是个人有偏见，而是这种纯体力的兼职除了能锻炼我们的吃苦能力之外，收获较少。如果有可能，尽可能找一些能够提升自己的兼职。

一定切记，兼职的地位是附属的，所以在时间和精力安排上一定要协调好与学习这个主业，权衡好两者的关系。从我自身而言，学生时代，学习永远是主业，你可以觉得自己不热爱当前的专业，但你一定要有所选择并坚持学习。很多人因为兼职而耽误时间，荒废学业，甚至从此以兼职为工作。或许你可能从兼职中找到自己的热爱和适合的方向，但是这种做法的大部分都是目光短浅的，不要为了一时的经济窘迫而放弃一生的追求，再艰难的岁月也会熬过去。

（六）投资理财

投资有风险，理财须谨慎！

我在大三参加一个朋友建立的浪潮俱乐部的交流活动，里面集聚了学校里金融、会计、审计等各专业的大神，定期通过交流会分享一些经历经验和对当前热点时事的分析。第一次参加对自己的最大触动除了大神们在德勤四大、中信投行、创投公司等含金量超丰富的实习经历之外，就是对小马自高中以来的炒股经历和金对股票证券实际操盘的震惊和感悟。资金的积累方式永远不是靠省出来，而是靠赚出来的，所以投资理财应该是我们每一个当代人，甚至在工作以后都应该作为一种与工作相辅助的积累资金方式。小马和金对股市行情的了解和实际操盘的收获颇丰，也让自己深感在这方面的欠缺和不足。新时代一定要有投资头脑，当然也必须要有风险意识。

身为一名大学生，我们已经是成年人身份，追求经济独立也是承担责任、提升自我的一个途径。因为我们终究要离开父母的庇护，独立背起人生的行囊。

安徽财经大学一年一度的学校运动会

十六、情感篇

一切感情都需要联络和维系，永远做亲情圈、朋友圈、同学圈里那个最主动的人。

（一）师生情

读了很多年书，除了家庭的亲情关系，在学校的师生情和同学情最为重要。大学，师生关系打破了原有的固定性，无论是相处时间还是相处模式都发生了很大改变，那么如何在大学更好地处理师生关系，关键就在于留印象。一个人展现自己的最好方式就是在对方心里留下印象。如果是积极的深刻印象，那么你就是很成功。面对庞大的学生群体，你想要脱颖而出，就需要在老师心中留下美好的印象。

1. 尊重老师

无论是上课穿衣穿鞋的外在形象，还是和老师日常交流的称呼说话，都能够尽显一个学生是否意识并能否做到对老师的尊重，让老师感受到被尊重，双方的交流自然愉快。

2. 认真学习是对老师教学最大的肯定

学习是学生的天职，教学是老师的天职。每个老师都希望自己的学生能够认真学习，这不仅是对老师教学最起码的尊重，也是对老师辛勤付出最大的肯定。

3. 谦虚求教

大学的教学模式更加自由，大学的课堂具有极大的流动性，老师不再是传统的坐班制，一般情况下老师授课完毕就会离开。如果你能够抓住短暂的课间时间谦虚求教，与老师加强交流，不仅展现了你对学习的热情和积极向上的态度，更加表现出你对老师上课内容的关注和对老师能力的肯定。

下课时间是师生交流的宝贵时间，你要珍惜宝贵的课间十分钟。有问题请教，有疑惑交流，有感想探讨，可以针对课上学习内容做进一步的交流和答疑解惑，就未来发展规划寻求老师的建议，就论文写作探讨思路。老师喜欢爱思考和勤于提问的学生，做好这些，你在老师心中的印象分和熟识度会进一步提升。

4. 选修课要学会刷脸

选修课是最能够体现学生主观能动性和展现自己的平台。第一，按时签到，课堂积极回应老师，坐在第一排，和老师进行眼神交流，这些刷脸技巧都能够在课堂中给老师留下印象。第二，积极回答问题是对老师上课最好的回应，尤其是选修课，考查课的平时分就是来源于你的回应。从来都是很认真地做选修课的笔记，认真思考，积极回答，不要在乎别人的眼光，不要一再沉迷于教室的后三排，一定要对老师刷脸。第三，做一个有创意的、敢于积极表现的人，选修课最急需的就是课堂的活跃气氛，最终的考核方式也是灵活多样的。你只需让老师看到你的用心和创意，你就是很成功的。

5. 主动做老师的小助手

用你的用心和贴心为老师带来暖心，做一个贴心和用心的学生。大学的课堂流动性很强，辅导员和办公室老师会有固定的学生助理，班级集体上通常发挥班委的作用，但尤其是选修课这种混班上课，学生对于老师而言是很难管理的，包括上课时间变动的通知、签到点名、收取作业、课堂反馈等等，而任课老师又没有专职的学生助理。此时用心而又贴心的你就派上用场了，于老师于自己于同学都很方便。

最简单的如教室开门擦黑板，基本微积分课的黑板都是自己这个学委擦的；选修课西校 113 教室的门常常被误关，作为第一节上课的人总是积极去找人开门；做了很多位老师选修课的通知小助理……其实，于你而言这只是举手之劳，但是于老师而言是暖心的。另外，这无形之中就会深化你在老师心中的印象。

其实，选修课的收获很大程度在于你的态度。如果你能够认真对待，提升其重要性，就可以收获很多。永远记住，选修课是依据兴趣爱好选择，不是依据修读学分的难易程度来选择。

6. 教师节的祝福

每年的教师节短信，都应该怀着感恩的心，留给人独特印象。不要群发，正如你眼中有不一样的老师，老师眼中也有不一样的你。选择自己让对方深刻的印象来提示，正如我永远是张老师中级财务会计课上“那个戴眼镜的课代表”，这就是属于你的独特标识。因为老师带过的学生真的很多。

最近毕业季，适逢端午节，给老师发短信祝福节日，更感谢这四年的陪伴和支持。大学四年，真的和很多老师结下了缘分。欧美文学经典课每次 111 的大教室都是自己找钥匙开门，240 人的大教室从来坐在第一排，下课有幸和老师探讨古希腊文学；因为站着蹭课，六级英语课的老师常常托我向同学发停课通知；因为一场演讲，写作课的老师每次回我的祝福短信都很开心；因为蹭裘丽娅老师的课必须自带小板凳，让我感受到课堂的热情和一位老师的魅力；审计课杜老师，做了自己无数次比赛和项目的指导老师，因为对她能力和人品的崇拜，蹭她的一切选修课，擦黑板，发通知，那种发自内心由衷的敬佩和热爱……或许我只是你带过的最为普通的一个学生，但是这份师生情永留心间。

（二）导员情

导员仲老师带我们的时候研究生刚毕业，她永远是我们的大姐姐。从事无巨细的关心，言传身教地和我们一同成长，到用自己的工资带我们享受美食，再到以大学霸和读博的姿态来激励我们前行，她不仅是我们的良师，更是我们的益友。虽然因为读博没能陪我们走完大学的旅程，但她一直在远方默默地陪伴着我们、关心着我们。

徐老师工作也一向严谨，讲究公平公正，很注重了解同学们的实际情况。班里的事情事无巨细。大学的导员就像一位大家长，能够在陌生的地方感受到家庭的温暖，是很幸福的一件事情。

（三）友情

上大学，很多人都是身在异地他乡，从孤身一人到朋友满圈，朋友的陪伴无处不在。从同床共枕，陪伴四年夜晚的室友，到一同上课一起玩耍的班级同学，再到知心朋友，我们每个人都有属于自己的一个朋友圈，一定要学会感恩珍惜和换位思考，学会付出，很多问题也就不复存在。在兄弟姐妹日益稀少的今天，友情的魅力巨大。

（四）爱情

爱情是很美好的一件事情，也是很独特的一种感情，从陌生人到执手相伴，一定要学会珍惜、尊重、包容，也要懂得责任。

（五）亲情

亲情在我们的人生道路上从未缺席，但大学的亲情，其独特之处就在于它是建立在远距离和我们已是成年人的基础上。如何以一个成年人的视角，远距离处理好和家人的关系，是大学亲情的必修课。我们不能一直把父母当作理所当然的存在和无休止的索取对象，而是要承担起家庭的责任，肩负起期望。

1. 要学会承担责任

这是一个成年人对待亲情的第一要务。把原本压在父母身上的担子自己支撑起来，最起码自己要担负起自己的生活，让父母放心是儿女最基本的责任。

2. 别让父母跌跌撞撞地追赶你的步伐

一定要学会牵着父母的手，千万不要让他们觉得吃力，觉得没有价值，觉得自己是累赘。尤其是农村子女的父母，当你迈入另一个更为新鲜的圈子，在沟通等很多方面，父母可能都跟不上你的脚步，此时请多点耐心。记得当时教母亲用微信，重复的操作会教很多遍，正如当年他们教我们走路吃饭一样，后来到她学会第一次主动视频，第一次分享公众号，第一次发朋友圈，真的很开心。

3. 孝顺，孝也要顺

跨代际的感情，不要过度强调和争辩谁对谁错，对待父母要更多地站在情而不是理上，要懂得退让，懂得包容，懂得合理地顺着他们的心意。

4. 常联系

不要只在要钱和想哭的时候才想到他们，要学会“报喜不报忧”，学会和他们分享你的一切，让他们了解并融入你的圈子。“随时随地报告”并不是依赖和长不大，而是能够让他们见证你生活的点滴。

作为独生子女的父母，当你从家离开，他们会很孤单。小时候怕你委屈，全心全意扑在你身上，把一切最好的都给你；长大了怕你日后负担重，为了不给儿女增添负担，年过五十依旧拼命赚钱省钱。作为农村的那一代打工者，兄弟姐妹各自为家，常年在外四邻不见，他们没有什么朋友，也没有你那么丰富的社交圈和社交活动，他们的生活是单一的，他们生活的中心就是你。请你常常像他们把你挂念在心头一样想着他们，和他们分享你的生活，你的朋友，让他们感受到你过得很好，就是他们最大的幸福。

记得学校套餐里亲情号的每月 1000 分钟的通话时长全部奉献给了父亲、母亲大人，永远有聊不完的话题；文件夹里装满了短信截图；微信里经常是单边展示，记得第一次母亲主动要和我视频，那份激动的心情竟然让自己热泪盈眶。

5. 努力去变得优秀

没有什么比你出色更能让父母感到欣慰，对亲情最大的回报或许就是不辜负吧。父母可以是你奋斗的精神支柱，是你前行的不竭动力，我们总要有能力担负起他们的未来，像曾经他们呵护我们那样。

十七、能力篇

每一个人现有的能力都是过往的积淀，所以今天取决于昨天，已有的能力要注重保持；而明天取决于今天，不断挖掘潜力，提升能力。一个有很强能力的人，不仅要拥有超强的硬实力，更要有好心态、好性情这样的软实力。

（一）对外：感恩＋珍惜＋包容

1. 交流沟通

每个人都不是一个独立的个体，我们与外界发生的一切关系都需要通过交流和沟通来完成。掌握交流沟通的基本礼仪和技巧，无论是为人、做事还是处世，都是最为基本的。

2. 团队合作

从班级小组的课堂作业，到比赛的案例分析，再到事务所的项目组，团队合作无处不在。一方面要尽快学会融入新团队；一方面要注意以合适的方式为团队的共同进步贡献自我的力量；同时，一定要处理好个人和团队的关系。

3. 学会与人相处，学会主动维护人际关系

与人相处是一门大学问，最重要的是尊重和包容。我永远做朋友圈里最主动的人，联系感情，探讨发展，感情需要维护才能够长久，不要做一个被动接受的人。

4. 过滤自己的朋友圈和信息，建立有效圈子

朋友圈和丰富的信息确实能够提升能力和扩展见闻。今年最大的两个收获，一个是优秀校友建立的分享群，另一个是由高中政治老师建立的新闻群。前者培养了我写周记、独立思考、乐于分享的习惯，同时也构建了一个能够与人交流和交换想法的平台；后者培养了我关注新闻、增长见闻的好习惯。

然而，微信、微博关注了很多公众号，认真看的没有几个，总是以为以量取胜，其实却放弃了对质的追求，快速阅读和漫阅读（铺天盖地的信息轰炸）很多时候就变为了过眼云烟，过目不得，我们还是需要精读和深入的思考，一味地信息灌输和看别人的观点反而会增加填鸭式的木讷。我们一定要学会筛选信息，提炼精华，不要在无效信息上浪费太多时间。

5. 学会拒绝

在自己无能为力和违背原则意愿的事情上，要学会拒绝。毕竟人的精力和时间有限，也并不是每一份帮忙都能够满足对方的需求。

（二）对内：责任＋自律＋修养

1. 自我管理的能力

小到个人资料的整理、时间的计划安排，大到个人目标和发展方向的确定，一个人有效和成功地管理自己的能力越强，收获也便越多。

2. 自我表达和推销的能力

无论是比赛还是求职，都是一个自我推销的过程，而能够清晰完整地进行自我表达是自我推销的前提。一方面要求个人有积淀，才能有物可言，另一方面要懂得一些表达的技巧、逻辑思维以及语言的艺术，才能提高表达的效果。

3. 善于主持和总结的能力

如果你天生有领导能力或者有意识向领导者的方向发展，主持和总结能力是必不可少的。在一个团队中，领导力需要各种综合能力的积淀，从思维、想法、人格魅力到号召力等，而总结能力可以通过书写总结、日记、反思录等日常习惯来培养。

4. 自我学习，独立思考，善于表达自己的观点和看法的能力

大学与以往学生生涯最大的不同就在于，更注重自我学习。无论是课堂知识的进一步延伸和拓宽，还是参加比赛、做项目、撰写论文，大部分时间都需要自己主动去开拓新领域的知识，而不再是被动地等待老师来教授。另外，很多人曾言大学之道在于其独立之精神，独立思考的

火花闪耀在每一处，在思考中学习，在学习中进一步思考，才是比较好的状态。同时，也要善于表达自己的观点和看法。

（三）对待自己的内心：心态＋内外合一

1. 乐观

少些抱怨，多些乐观。心态对于一个人状态的影响是极大的。做一个乐观之人，生活的烦恼都会随之减少。

2. 积极上进

上进心是一个人前行的动力，因为有对于更高层次和更优秀自己的不断追求，所以无论是前路漫漫还是道路坎坷，都不能放弃前行的步伐。平时要多尝试，才会迎来意外的成长。

3. 学会自我安慰和转换思维，构建强大的内心

人生不如意之事十之八九，而我们又无法做到总有一个天使守护在自己身边，唯一能做的就是转换思维，即便是困难、挫折、坎坷、难以承受的煎熬和痛苦，都终会过去。多读书看看别人的生活，多出去走走见识这世界，内心的天地自然会不断成长和扩大，承受能力也会随之增强。

（四）对社会大环境：适应＋奉献＋和谐

1. 适应

当代社会发展迅速，身边的大小环境也在不断变化，以开放、包容

的心态才能够最快适应并融入新环境，让自身和环境达到融合的状态。

2. 包容

穷则独善其身，达则兼济天下。学会去面对和接纳一切客观存在的事物，不苛求外界和他人，提升内心的包容度。

3. 奉献他人

我们的底线为即使不能为社会做贡献，也绝对不能危害社会。能力微弱时做小善——献血、志愿服务、环保，只要尽力而为就是一种奉献；能力强大时做大善——创新推动社会进步，创造生产力带动国家发展，慈善捐款等。

安徽财经大学图书馆

十八、心态篇

无论是处于学校的小环境，还是社会的大环境，达到内外融合的重要途径就是建立良好心态，通过及时调整心态，达到适应与融合。

（一）独立

人们常说，独立分为生活独立、心理独立、经济独立三重境界。

我是特别恋家的那种类型，虽然生活从小极度独立，但心理对父母和家的依恋却从未随着在外岁月的增长而削减，这是一种难以割舍的情感依恋。高中三年，每一次离家，每一通家里的电话，都是伴着泪水，从军训时的军姿到高考前的激励。当时钟的指针指向2013年9月7日，可以说我被逼着踏上了一条磨炼独立情感和独立内心的道路。从父亲挥手告别时，我在人群中哭红了双眼，再到后来坦然地面对别离，享受独自在外的生活，到最后特别期待回母校，享受寝室作为第二个家。可以说，四年的大学生活给予了我一个心理独立的巨大转变的机会。

其实，大学对于每个人的独立性都是一个很大的锻炼。父母羽翼下的你生活自理，恋家的你心理独立，积极向上的你争取经济独立，我们每个人都在努力地不断加快自我的成长步伐，减少对家庭各方面的依赖，逐渐承担起责任，逐步融入社会。

（二）适应

从异乡饭菜的口味，气候的冷热，再到与室友、同学的相处，进入大学，每一处都需要适应。没有适应不了的生活，也没有处理不好的人际关系，关键在于你要真正学着去融入，去抛弃那个旧我。进入社会，步入职场，更需要我们快速地进入状态，也就必须锻炼自己的适应能力。

记得这项技能修炼突飞猛进的时期是在今年实习中的 IPO 走访项目。原本是一个不太喜欢奔波和不断变换新环境的人，那半个月的时光，忙时每天要转战 4 个阵地，永远不知道下一刻要去哪，见谁，遇到什么样的问题，一个人奔波在车站、高铁站和飞机场之间面对工作，依旧要气定神闲地访谈。正是这段岁月的磨炼，才能让自己能够以最快的速度适应新环境。

（三）包容＋宽容

学校就是一个小社会、大熔炉，学会接纳一切的存在。不要过分地挑剔别人，而是学着去接受客观存在的事实，去发现美好，去享受存在的一切。

（四）自律

相比以往的学生时代，大学给人的自由度是非常大的。然而极大的自由很可能导致迷茫和徘徊，甚至是放纵和堕落。此时就需要很好的自我约束，那么最重要的就是要自律。一个能够自我约束的人肯定有清晰的目标和规划，坚定的毅力和执行力。无论是小到看书上自习，还是大到拒绝各种诱惑，自律非常重要。

（五）承担责任

对自己负责，就会拥有积极向上、力争上游的生活态度；对父母负责，就会学到不负所望，感恩亲情；对他人负责，就会拥有坚守岗位，换位思考的职业精神；对社会负责，就会懂得与外界和谐相处，乐于奉献……

（六）善于谦卑学习

为人处世一定要谦卑，要知道山外有山、人外有人，学会向优秀的人学习，注重营造学习、合作的氛围，并努力提升自己的圈子。

（七）坦诚地承认自身的错误和不足

坦诚地承认自身的错误和不足，这样才会产生不断前行的动力，这样才不会以自我为中心，这样就会保持着低姿态的进取……

（八）真诚地赞美和祝福别人

我们需要拥有两方面的能力，一是善于发现别人的优点和美，二是摆正自己的心态，勇敢地赞美别人。真诚的赞美别人不仅可以让对方感到愉悦，也可以让自己产生进一步提升的动力。

同时，也要学会祝福别人，永远记住大家好才是真的好。

漫漫人生路，悠悠安财情

第二部分 常用资源模板共享篇

孙佳丽同学毕业前夕赠送给母校安财的毕业礼

一、常用资源

关于资源和信息，一方面要通过经常搜索或者看一些推荐，挖掘出有用信息；另一方面一定要提炼信息，找到适合自己的，不能因无效搜索和沉迷无用信息而浪费时间和精力。有效搜集信息和整合资源是提高学习和工作效率的重要抓手。

（一）必备网站

对常用网站收藏和整理可以为今后浏览提高查找效率，筛选掉无用的干扰信息，实现快速查找和浏览。

（1）保研：保研论坛（网页、微信公众号），尤其是夏令营的链接汇总，可以有效帮你节约搜索时间，合理安排自己的选择；还有一些录取的经验贴，可以给予方向性的指导。

（2）考研：考研帮（网页、APP）。

（3）就业：智联招聘、大街网、各种求职网站、各地的人才网；财审帮、实习僧。

（4）提升专业知识，了解时事热点：华尔街热点、中注协官方网站、微信公众号（大学：大学生必备网，中国青年报；注会备考：CPA大咖；事务所实习：四大那些事，直通四大，各事务所和企业的官方微信；行业前沿：财经郎眼，中国会计报，中国会计视野，高顿金融分析师）、微博（一些感兴趣和提升自我的关注）、得道（里面有一些免费和付费课程，是大咖提炼的知识精华）。

（5）论坛、贴吧：人大经济论坛、知乎、天涯，增长见闻，独立思考的平台。

（二）必备软件

手机上的软件为随时随地学习各方面知识提供了方便，有效利用碎片时间，广泛涉猎。

（1）微信、微博：经常关注一些感兴趣的公众号或者用以提升自己各方面专业素质的优质资源。

（2）英语随时随地学：TED演讲、喜马拉雅听书、百词斩背单词

（3）个人爱好，修身养性：①藏书馆：在旅途、等待的空闲时刻和碎片化时间，可以用来读书。②荔枝直播：跑步和睡前可以听一些书、听一些文章、新闻等，缓解眼部疲劳，开动听觉神经。③配音秀：一种读美文和抒发情感的方式。

（4）手机常备办公软件：CS扫描、wps文档。

（5）电脑：CAJ（将知网下载文章进行转换）、Solid Converter PDF（PDF与其他格式的相互转换）。

（三）校内资源

（1）教务处学生系统：①按模块比对学分修读情况；②查找教师、

教室资源，方便蹭课、自习。

（2）学工系统：①综合素质测评；②评优：校级奖学金。

（3）课外实践学分暨导师制系统：①申请课外实践学分；②导师联系信息和指导记录。

（4）校团学工作系统：社会实践的申请。

（5）学信网：①考研保研报名的个人信息；②基本涵盖了个人的求学信息。

（6）学院网站：就业信息、奖学金信息、评选信息、比赛信息……

某天打开学院的网站，看到很多模块，突然关注到《冲浪》《青年财会》等会计学院的杂志，乐此不疲地翻阅起来，里面有很多经验分享，还有对老师的采访稿，才发现这么多年，这些就近的资源并没有好好利用，里面包含着丰富的信息。

（7）学校网站、团委官网：各种通知和信息的发布。

（8）学生手册：很多同学不明白的学校各种规章制度，其中学生手册里面都写得很清楚，比如奖学金的评比、项目的申请等。

二、安财生活小贴士

（一）资格证书调转程序

1. 会计从业资格证书的调转（2017 年 11 月 5 日会计从业资格证书取消）

（1）会计从业资格证的继续教育

作为会计学院的学生，大学期间不需要继续教育，毕业前拿成绩单进行继续教育证明就好。

（2）会计从业资格证的转出

① 调转前需完成继续教育。继续教育从取得证书后下年开始。（例如 2015 年拿证，2016 年开始需要继续教育）

② 会计、审计、财管等专业，持学校盖章成绩单（会计学院校医院 605 打印成绩单，606 盖章）即可视同继续教育。（本人 2014 年拿证，有成绩单证明即视同 2015、2016、2017 年已经完成继续教育）

③ 携带本人身份证、会计从业资格证、学校盖章成绩单，到高新区政务大厅（138 路公交车直达）。先在一楼打印室打印继续教育表格，

上二楼完成继续教育审核。再到一楼打印调转登记表等（分省内和省外调转，具体打印店知道）。打印好后，如果是省内调转，直接到转入地盖章即可；如果是省外调转，到二楼先办理转出的盖章，然后再到转入地盖章。注意：调转有时效期，一般为 90 天，过期作废。

2. 初级会计资格证

该证书属于全国通用证书，目前不需要继续教育和转出。随着会计从业资格证书的取消，初级会计师资格证书的后续教育和管理将进一步规范，要随时关注信息变动。

（二）报销医药费

1. 校医院报销

在医院结算的时候一定要盖了章的发票，从第一张发票大约满一年后，拿到校医院报销，扣除基数（一般是 300 元；特困学生是 100 元，需要开具贫困生证明），按照 60%报销。学校外面药店买药是不能报销的（在校医院买药，只需支付报销后剩余的部分）。

拿着医院发票，首先到校医院 1 楼填写单子；再到 2 楼找院长签字，查验社保卡或者一卡通里当年大学生医保缴费情况；接着到东校 1 号行政楼 3 楼财务处报销。最后报销的钱直接打到学校统一为大家办的农行卡里。

2. 社保局报销

如果是住院和手术的大额费用，在外地没法做到异地结算的，可以拿着社保卡和相关票据到社保局办理报销。

（三）开具各种证明

证明＝模板（自述）＋盖章，一般是找谁开具或盖章的问题，这就在于该证明的用处和性质与哪个部门的工作职责是一致的。一般盖章都要走三级“导员签字＋学院盖章＋学校盖章”。

（1）学习方面（成绩、学分、绩点等）：教务部门，加盖学院公章＋校教务处公章。

（2）组织生活方面（政审、个人品行证明等）：团委、党委。

（3）就业方面：就业处（会计学院就业办公室——校医院602，校就业指导中心——校医院410）。

（4）贫困证明：必须在当年的贫困生库里，辅导员签字，学院盖公章，校医院410学生处相关负责老师签字盖章。

（5）在校证明：保卫处，在一号行政办公楼一楼。

安徽财经大学体育馆

第三部分 优秀学长学姐指引篇

安徽财经大学龙湖东校区图书馆

一、保研经验贴

（一）中央财经大学会计专硕（跨专业保研）——智妍学姐[①]

智妍学姐是由经济学院跨专业保送到中央财经大学（以下简称“央财”）会计专硕的，其难度之大和自身实力之强是非常明显的。明确的复习计划、坚持不懈的努力、奋力一搏的勇气，都是值得我们借鉴和学习的地方。以下是智妍学姐的保研经历：

决定读研是在 2016 年 4 月底跑完马拉松之后，着手准备从 5 月开始，9 月底保上央财会计专硕。其间 5 个月，回想起来，是彷徨与执着、失落与希望并存的日子。当别人去参加夏令营，而我因为跨学科选择自己喜欢的专业要从大二基础课程开始自学，用朱伟的话说就是重在参与吧。虽然 ACCA 学了前 9 门，但是和国内会计课程差别还是很大的，朋友给我制订了复习计划。那时候每天早上醒来，总有做不完的事等着我。幸好有朋友在自习室等我，使我打败自己的懒惰，又传授给我

① 邓智妍，安徽财经大学经济学院 2013 级经济学专业学生，保研至中央财经大学会计专硕，本科期间曾获得国家奖学金等荣誉。

复习的方法，让我坚持下去。暑假正值里约奥运会，那时愈发感觉没有希望了，焦头烂额地复习之际，也不能错过每一场游泳比赛的决赛。看着从小到大的偶像菲尔普斯继续冲击一块又一块金牌，内心无比振奋，回想起自己曾经为了金牌沉住气、拼尽全力向终点冲刺的那一刻。那么，现在看着黑板上的倒计时，怎么能输给自己呢？很多学弟学妹问我，现在准备来得及吗？最好的种树时间是 10 年前，其次是现在，只要立刻开始行动，就为时不晚。

1. 备考科目与复习资料

央财 9 月推免是不会卡初审的，就是说推免生只要交考试费都可以参加复试。复试分为笔试和面试，都是考中级财务会计、财务管理、审计、成本管理。复试时间是 9 月底。本人 5 月份从基础会计开始自学，接着看了东财的中级财务会计、人大的财务管理、央财的成本管理。之所以不是按照央财的推荐书目，是因为感觉有些版本编得更好，知识点也都差不多涵盖到。由于时间紧迫，审计当时只复习了 ACCA 课本，因为国内审计体系是从国外引进的，所以原则框架大致相同，但还是推荐看 CPA 的审计教材，更切合国内考试。这些科目的复习框架最好是“上课＋教材＋习题”，才能真正掌握。复试资料推荐《中财花生咖》（微博搜索：中财 mpacc 考研小站－寻霸），以上是考上央财学长学姐总结的复试经验。

2. 笔试

笔试都是选择题，四个科目是分开的四部分题。时间是充足的，考得很细，所以平常一定要掌握好每个知识点。笔试不达 60 分不能参加面试。笔试结束后第二天晚上会短信通知是否进入面试，第三天上午开始体检（体检就在校医院，人很多，早点去排队），下午面试。

3. 面试

面试分为三个环节，首先是一分钟自我介绍。面试时，把简历、证书和论文都带进教室，但是老师并不注重这些。这里要强调一下，央财非常注重专业能力，而不太看重其他方面，打分一般都是依据专业课问题的回答情况。当时在自我介绍之后，我展示了一下自己的书法作品，写着央财校训“忠诚团结，求实创新”，让快要睡着的老师眼前一亮。因为考生太多了，参加会计专业复试的学生又是全校最多的，老师不免有些审美疲劳，大家可以想点小办法让老师对自己有些印象。但是这些都不是重点，重点是专业课。接下来就是专业课面试，从两个信封里抽题，一个信封是中财的题目，一个信封是财务管理、审计、成本管理的题目，每个信封各抽一个问题。其中印象比较深刻的是成本管理的题目，问的是“平衡计分卡的四个角度”。这些题目都需要拓展开来回答，而且要回答得准确，才能显示你的专业水平。你一边回答，老师就一边打分。第三个环节是考查专业英语，从信封里抽出一张纸条，上面有一段英文，要求朗读后翻译其中一句话。我建议先不要急着读，大致浏览一下是什么内容再开始读。显而易见，英语口语也是很重要的。我抽的题是审计科目的，ACCA 给了我很大帮助，对于专业词汇并没有什么障碍，随后老师让我翻译了第一句话。整个面试流程下来也就十多分钟，声音要洪亮，要有自信，尽全力，争取不留遗憾。

4. 填写志愿

面试完之后才在研招网上填写平行志愿，然后央财通过研招网给考生发放拟录取通知，及时确认就可以。每年的复试流程大致相同，但考察方法有可能发生改变，这些经验仅供参考。大家要密切关注央财研究生院官网的消息，及时做好准备。

5. 学姐小建议

给大家的建议是天时（及早开始复习准备）、地利（暑假留在学校保持学习状态）、人和（小伙伴的支持和鼓励太重要了），还有就是清楚自己想要什么，坚持到最后。其实这也只是个小小的里程碑，主要是在这期间收获了很多体会和感受，后面还有更多挑战等着我们，一起加油！

（二）河海大学会计专硕——佳馨学姐[①]

佳馨学姐来自我校会计学院转专业班，她是一位非常优秀的保研生，不仅能够凭借自身实力保送到理想的学校，更能够平衡好学习与生活的关系，勇于追求自己的所想所爱，实现爱好与理想的双丰收。以下是佳馨学姐的保研经历：

如何拿到校内推免资格，大家应该都比较清楚，70%的成绩、15%的获奖，还有15%的科研综合起来，在这里我就不加赘述了，我就说一下自己是如何准备复试以及面试情况。

1. 准备复试

我觉得保研复试不是一件轻松的事情，甚至可以说比考研复试要艰

① 李佳馨，安徽财经大学会计学院2013级会计学专业学生，保研至河海大学会计专硕，本科期间曾获得第五届全国市场调查大赛安徽省一等奖、“安徽省品学兼优毕业生”荣誉称号，曾主持2015年度省级创新创业项目，2016年度校科研基金项目。

辛许多。当然如果你之前有一个明确的目标，就准备那一所或者几所的学校，复习相应的专业课，有针对性地进行充分的准备，那就如鱼得水了。就我而言，所谓万变不离其宗，与其去找具体的书本，不如把握这些知识点更为重要，关键还在于你自己的思考和灵活应用。经历过高考的我们，肯定都知道：知识不是死的，如果靠死记硬背，多数情况下都是徒劳的。尤其是经管类专业，要联系国家背景、政策，联系实际进而根据自己的理解来运用相关理论知识。所以我主要看的是本专业平时上课使用的课本，可能是因为我很喜欢自己的专业再加上我看书比较快，差不多一遍就能记住大概，并且可以用自己的语言进行描述，所以我就记一记基本概念以及需要加强记忆的内容（比如定义、概念、名词解释）。我同时准备了一份英文自我介绍，自我介绍一定要突出自己的亮点，不然都套用模板或者都是千篇一律的风格，导师都不知道你和别人有什么区别。比如你的英语六级分数很高，或者你有级别很高的奖项，或者你帮导师做过什么课题，发表过比较厉害的论文之类的，都可以写上去，就要突出“与众不同”。材料准备方面：成绩单、比赛证书、考级证书、科研项目、荣誉称号等，根据复试院校的要求，复印准备好。其他方面，我没有做过多的准备，我没有提前联系导师，因为万一复试被刷了，这份努力就是白做的，而且大部分导师看中的是你的能力和实力。

2. 面试

早上填了河海大学的预推免，下午就收到了复试的通知，要求我第二天去面试。当时是在商学院会议室里面，对面坐了 7 位老师，我是那天第一个进去面试的（心理阴影很大，因为我每次决赛抽签抽到第一个，最后都是比赛翻船，拿不到一等奖），所以我当时心理压力比较大，因为感觉可能要回答很多问题，被淘汰的可能性也比较大，压力非常大。但是，我进去之后，还是强装镇定，可能和我做过主持有关，我想象对面的七个老师都是观众，我就不紧张了。每个导师手上都拿了一份我的资料，坐在那种厚厚的办公椅上。中间的老师让我做了英文自我介绍，我把之前准备的说了一下，然后开始和我用英语交流，问了我的学习情况、参加的比赛、科研情况以及读研计划，思考之后我就回答了老师的问题。强调一下，一定要准确理解老师的问题，想好思路和框架，可以加一些具体细节或者扩充一下内容，有条理地回答问题，不要东扯一句西扯一句，回答得特别乱，这样给导师的印象也不好。之后，右边一位年纪稍大的老师问了我几个专业问题，现在印象都比较模糊，但是都是基础的内容，再加上自己的理解和运用，就是围绕课本知识，也要联系实际生活。最后左边的两位男老师就问了我项目和论文的情况，研究的目的和内容、数据的获取，以及得出的结论。我按照自己的行文思路，有条理地回答，如何想到这个题目，借鉴了哪些资料，时间跨度以及最后的总结。整个面试考核的就是你的英语水平，包括听和说；专业基础，包括书本上你是否掌握并理解了知识，还有就是你读研的目的、规划以及你的沟通交流、随机应变的能力。其实我觉得最后一点很重要，因为导师也会侧重看你是不是一个只会读书的“书呆子”。我个人认为，作为管理学专业，与人打交道也是一门学问，如果你的话题只停留在书本上或者理论上，和你交流的人也会觉得很累。

3. 学姐小建议

不要紧张，顺其自然，以不变应万变。如果能达到不禁锢于书本，或者说自己就是书本，那么即使没有准备，心态放平，就是最好的准备。希望学弟学妹们都能够喜欢自己所选择的专业，把工作变成事业，追随自己的内心，不是为了生存去学习，而是因为热爱自己的专业，喜欢自己做的事情，过得开心、快乐，最终保研到自己理想的学校，从事自己热爱的职业！

（三）上海大学会计学——旭旭学长①

旭旭学长是一个很早就明确保研方向，并为之认真规划和努力执行的人，最终成功保送到上海大学会计学专业。从他的身上可以看到，其实保研的典型是可以培养的。学长将以学年为时间轴仔细论述自身为保研所作的准备，这是一篇保研具体规划与执行的“参考书”和“时间规划表”，希望能够给予学弟学妹具体的引导。以下是旭旭学长的保研经历：

1. 大一学年

（1）明确方向

第一次听说保研的事情是从大一下刚开学的三月份，家里认识学校的一位教会计的老师，我称呼对方为姐姐，是我非常感谢的人生导师。对方得知我是个“可造之才”，让我去她家里进行学业方面的详细面谈。她在对话过程中提到“你以后可以读研、保研、找工作”之类的人生规划，我对保研的事情产生了兴趣。当时出于对保研的兴趣，自己想着能否走保研的路，去更好的地方。

---

① 闫旭旭，安徽财经大学 2013 级会计学院审计学专业学生，保研至上海大学会计学专业，本科期间曾获得国家励志奖学金、2015 年全国大学生数学建模竞赛省级二等奖、2016 年美国大学生数学建模竞赛二等奖等；曾主持 2015 年度省级创新创业项目。

(2) 学习方面

当时对保研的事情了解不多，不知道具体如何努力，只是单纯地想到学习成绩好就行了。于是进入 6 月份，每天起早贪黑学习（我并没有夸张，6 点起床，12 点以后睡觉）。大一下学期出现了 9 门考试课，深知压力巨大，以及六级考试临近，我没法懈怠。

2. 大二学年

(1) 寻找圈子

整个大二是关键的一年，我进入了一个保研党的约饭群。在群文件里，我找到了我们学院的推免细则并仔细研读，明确了自己可以具体努力的方向，并且结识了一群志在保研的同道中人。

(2) 奋战比赛——数学建模

当时隔壁金融院我的一个高中同学问我是否对数学建模课程感兴趣，于是选了最严格的同时也是教得最好的杨桂元老师的课，开启了一个学期最痛苦的选修课。当时那个学期，我一共选了六门选修课，希望能早点修满选修课学分。考试课也特别重视，金融学（93 分），财政学（93 分），宏观经济学（98 分），需要背的太多，所以期中结束以后就开始带着复习，同时花了大量的时间在中财（85 分）上。以上几门课，书或复习资料至少都看了 5 遍以上。

大二下学期，正式开始进行数学建模比赛，找了班里的一名女生和那位金融学院的同学，大家水平都一般，但是团队凝聚力很不错，一起参加比赛到 6 月份。五一赛用两天就完成了，实在想不到方法，又不愿意多花心思，这是我带领团队的弊病，能力不行，还不多努力，而我这个队长也没起到力挽狂澜的作用。借着五一赛的题目和论文，和队员商量了一下，申请了一个大学生创新创业省级项目，找了教我线性代数课的刘佳老师（刘佳老师虽然是我校的新老师，但人很好，我经常问他题目，因为年龄差距不大的缘故，在项目上、课程学习上都给了很多指导，我非常感谢他）。我们团队的数学建模成绩不行，后来校队选拔全部落空。

比赛结束以后，也进行了充分地自我反思，参赛态度很有问题，连续两天没找到解题方法，心态有点崩了，开始想着将就地解题就好，但队长一直没放弃过，这种团队合作的氛围和态度一直影响着我，激励着我。

（3）奖学金

本来信心满满地以为期末可以考个好成绩，结果却被选修课无情地摧毁了我的愿景。在该学期，第一次将选修课计入奖学金评比中，考试课平均分 93.5，选修课仅 84 分。虽然我后来仍然拿到了二等奖学金，也千辛万苦地争取到了综合素质奖，却差了第三个奖，让我未能获得三好学生荣誉称号。心情再一次跌入低谷，连续两个学期的失意。

（4）综合测评

我大二没留部门，去了邓小平理论研究协会，是为了综合素质测评的德育加分。因为从决定保研开始，我做事情的规划就很明确。因为大二在邓研会做副部的原因，我获取了许多德育分。

（5）社会实践

我随着邓小平理论研究协会参加了社会实践活动。值得骄傲的是，团队的问卷调查大部分由我完成，并交由我建模队友，也是我们班现在的学习委员完善，团队的花费由我负责。那七天的农村之行，没有觉得很惨，反而过得很充实。活动接近尾声以后，我没有继续参与，而是给朱家明老师打了一通电话，表达了自己想继续留校培训的愿望，老师很爽快地答应了，并帮我找了一个团队。于是，我完成社会实践之后直接去参加了数学建模的暑假培训。

3. 大三学年

这学期刚开学，完成了数学建模，奖学金评定，以及社会实践国家级优秀团队的申请。大二下学期学习优秀一等奖拿到了，因为参加社会实践活动的缘故，补上了第三个奖社会实践奖，并拿到了校“三好学生标兵”荣誉称号。

（1）科研项目

事情的转机发生在 11 月份下旬，我收到陌生短信，说我之前申请的科研项目已获得立项许可，当即感到特别幸运。因为我项目的主题是利用之前做过的数学建模的研究成果，在立项过程中难度相对降低。于是，我对保研的事情又充满了一点期待。

之后抱着最后一次参加数学建模比赛，给自己的建模生涯画上完整句号的想法，和另外两个陌生同学组队参加了美国大学生数学建模比赛，其中一女生跟我说了科研项目提前结项的过程并推荐了发表论文的渠道。寒假留校，1 月底到 2 月初前后共四天，没熬夜，完成了美赛论文，最终拿到了二等奖。

（2）发表论文

美赛结束前完成了论文的修改，并发了出去，作为结项论文。寒假快结束的几天，我又写了一篇有关内控的论文，论文主体框架借鉴了同学的一篇论文，但内容完全不同。这里必须强调，如果发论文时间很充足，建议自己投稿或者借助学校老师渠道投稿，可以省很多钱甚至不花钱，也可以发到一些好的学报，但前提是论文的确写得不错。

（3）保研夏令营

进入到大三下学期，最轻松也最关键的时期。从 5 月份开始，进入为期一个月的夏令营申请工作。这个学期，陆续认识了几位一起保研的同学，算是志同道合吧，彼此分享学习心得。我报了上海财经大学、中国人民大学、对外经济贸易大学、上海国家会计学院的夏令营，无一入营，考虑到自己水平和其他学校学生相比确实很一般，所以只是将夏令营申请当作一次机会，没太被结果打击。需要说明的是夏令营申请手续繁琐，难在两方面，一是推荐信和老师时间的协调上，二是专业成绩排名无法获取（我当时处理办法就是择优选择，我选取了前五学期综合测评的排名求平均值获得，这虽然不合理但实在没其他办法）。

大三下的 6 月份仍然没法看进去书，7 月份也没有，直到 8 月份开始强迫自己好好复习，花了 20 天时间完成了数学三的基础复习部分。

4. 大四学年

因为本来就打算考研去上海大学（没有夏令营），再加上已经了解对方学校的保研复试只有面试，我一下子放松太多。直到 9 月 19 日确认保研材料以后，我收到了上海大学的复试通知要求我 22 日参加该校复试，我一下子兴奋了起来，看了两天的专业课的书，并于 9 月 21 日下午去了上海。22 日的面试结果名单出来，当时的心情特别高兴，第一通电话给了我的人生导师。之后就是在 9 月 28 日推免系统确认上海大学的录取，一定切记千万别进考研系统。

我为何选择上海大学，有以下几个原因：首先，我喜欢上海，特别地喜欢，去了好几次，也深知压力巨大，但我仍然想尝试着奋斗一下，希望给以后的挚爱更好的生活；其次，就是择校，上海大学是所不错的 211 学校，出于能力考虑觉得考或者保送到其他优秀大学会有风险，我不敢冒险，必须百分之百确定一所学校。

5. 保研阶段概述

（1）大一到大三好好学习天天向上，竞赛、科研项目、论文（论文早发，建议大二就可以积淀，多下点功夫)，各种荣誉称号都要争取，保研没捷径，也不简单，别想着走捷径。

(2) 夏令营 (大三下的3月份开始到6月20日前后申请结束，7月份开始入营，也有个别学校5月份就有夏令营)：个人能力有限没能参加，大致了解的东西就是，夏令营会有面试、笔试、参观学习、小组讨论、个人演讲等，活动时间一般不超过一周，结束后即出优秀营员资格。夏令营申报门槛较高，有些在网页上的明确的显性条件，也有些隐性条件，比如优先考虑211、985院校学生，必须有论文、科研项目等。

(3) 保研预报名 (一般在大三学年结束的8月份中下旬到9月28日以前)：相当于第二次夏令营，申请办法为百度该校研究生院，比如上海大学研究生院，在通告的前几条即可看到申报链接，自己注册并提交相关材料，全部为电子信息，不需要额外投快递。申请过程也较为简单，但仍需许多申报材料。

(4) 本校推免：以安财为例，大四上学期9月中旬提交申请，材料，一般2～3日出结果。未获得本校推免资格的人，即使拿到优秀营员资格即使获取了保研复试资格，仍然无用，足以体现获得本校推免资格的重要性。

(5) 9月末推免系统开放：拿到某个或某几个通行证直接确定某所学校的待录取即可，千万不要忘记，也千万别选择了类似拒绝的选项，这两种情况每年都有发生，周围同学就存在过。没有拿到通行证的同学，继续填报志愿，可以是本校也可以外校。

无论是夏令营获得优秀营员资格还是在预报名获取保研复试资格并被录取，都可以直接9月末在推免系统确认自己想去的学校，因为有些人不只被一所学校的录取。之后，保研的事情算是结束，走流程即可。

(6) 保研结束以后可以去实习，也可以旅游，或者考证。

6. 个人荣誉总结

获得2个校三好学生标兵，1个校三好学生荣誉称号；英语六级452分；共发表5篇论文（其中4篇为《赤峰学院学报》，1篇《中国乡镇企业会计》）；1个省级大学生创新创业项目；考试课平均分为89.5分，专业144人排名第四；获全国大学生数学建模省级二等奖，美国大学生数学建模比赛二等奖（Honorable Mention）；拥有计算机二级、会计从业资格证、初级会计师证、C1驾驶证。

7. 温馨提醒

（1）针对本科生发本科高校学报越来越难的情况，论文一定要早发，别拖到最后，建议大二参加数学建模，认识优秀的人，方便以后组队参加竞赛做项目，同时学会写论文。

（2）保研这件事准备得越早越好，这其中肯定会遇到很多麻烦，学会调整，需要一些好的结果给自己增加自信心，比如竞赛获奖。

（3）学习好确实能赚钱，比如各种奖学金，参加竞赛可以获得学校进行表扬性的奖学金。

（4）适度了解竞争对手的情况，不断提高自己，学无止境，千万别觉得差不多就可以了，要清楚地认识到自己的真实水平。

（5）进入保研关键的一学期也就是大三下学期到保研结束这段时间。如果对保研很有把握，除了各项加分材料能准备的尽快准备，该结束的结束，一定好好复习，千万别浮躁。

（6）不要看不起自己，多点自信，对自己要求高点，最后关键一刻自己亲自完成，不要找人代替，为了不留遗憾，要努力到最后一刻。

（7）复习的事情，对专业课而言要优先复习核心课程，再复习其他专业课，比如对于审计专业来说，中级财务会计、财务管理、审计学是其核心课程；数学要按照考研节奏好好复习，虽然不容易，但也不会太难；英语复习侧重于单词和口语交流，单词是英语的基础，无论如何考英语，单词都很重要，口语练习是为了面试的英语环节，能听懂对方的意思并流利回答即可，不一定要多熟练。

（8）仅仅是一两门课的成绩影响不大，不要放弃，继续努力。

学在安财，龙湖东校区明德楼

二、考研经验贴

（一）中央财经大学审计专硕——荣超学姐[①]

央财考研的难度大家有目共睹，而荣超学姐能够以优异的成绩突出重围，拿到自己心仪学校的通行证，可见其是何等优秀。学姐凝聚了考研人身上很多的优秀品质，坚持、认真、执着追求等。她在考研过程中目标非常明确，虽然央财的考研目标对很多人来说是望尘莫及的，但她一直坚持自己的目标和节奏，“天道酬勤”是对她最好的写照。以下是荣超学姐的考研经历：

初试 239 分（160＋79），复试时央财审计招 48 个人，拟录取排名第八。高兴开心之余还是想把自己的考研经历写下来，希望自己的经历

① 邹荣超，安徽财经大学会计学院 2013 级审计学专业学生，考研至中央财经大学审计专硕，本科期间曾获得国家励志奖学金、校三好学生标兵、学习优秀一等奖、综合素质奖等。

能对大家有帮助。

1. 择校

高考发挥不太理想，所以从大一开始，就明确将来一定要考研。大学里学习成绩也还算不错，所以就想着要报一所比较好的学校。家在北方，也想要在这边发展，于是就想到了央财。央财的实力自然是没得说，最初考虑央财的时候，自己都觉得自己想得太高，本科的学校里也几乎没有报考央财的。后来在一个央财考研群里，随便加了一个学姐，想问问情况，没想到竟然是我本科学校的亲学姐，她是二战考上的，所以在学校里也没有听到过她的消息。后来又得知了 2016 届的一位学姐也考上了央财。两位学姐的出现，真的给了我莫大的动力和勇气，后来准备考研的过程中她们也给了我很多帮助，我从心底里感激她们。所以也很想帮助学弟学妹们，希望大家都能突破自己，实现自己的考研梦。

2. 制订学习计划

可以以某个阶段为一个大目标，比如基础阶段（3～6 月），强化阶段（7～9 月），冲刺阶段（10～11 月），模拟阶段（12 月）。具体每个阶段干什么，细化到每个月、每个星期。之后就是用一个本子做记录。其实备考就是每天做重复的事情，所以可以把一天要做的事情列清楚，每个时间段做什么，差不多一天可以把数学、逻辑、英语都学到。之后就是每天完成某个阶段的任务就打对勾，没有完成就写一下完成了多少，并且在每天后面对应一个备注栏，注明自己今天没有完成任务的原因。坚持一周下来就可以清楚地看到自己每天学习的效率怎样，并且看到自己每天有多少时间是有效的和荒废的。

3. 初试阶段

总体来说用了新东方（朱伟单词、田静语法、唐迟阅读、唐静翻译、王江涛高分写作）和老蒋（真题）的英语；陈剑（高分指南、真题详解）和赵鑫全（1000 题）的数学；老吕（要点精编）和赵鑫全（逻辑精点）的逻辑；老吕（考前押题）和王诚（历年真题详解）的写作。

（1）**英语**

3 月份开始备考，买的视频课。英语单词是从上一年 12 月份六级之前就买了《恋练有词》，听了 2/3，3 月份开学后，把后面的用了一个月不到的时间听完。中间穿插着听语法，语法是到了 4 月份才听完。5 月份开始又把单词听了一遍。这个时候也想着做阅读，听之前考上央财的学姐的经验，直接做了英语一 2005－2016 年的真题，直到 9 月中旬才做完。做阅读的时候，把重点的词、句抄下来，还有讲解里的重点和方法整理出来，每天早起朗读，加深记忆。英语一真题做下来感觉真题思路确实是相通的，只是英语一难一些，所以上手英语二的时候会突然觉得简单了很多。9 月份开始做英语二，单词都是常见的，文章内容也贴近生活，所以读起来比较容易。第一篇做 2010 年的，错了四个，后来就慢慢变好了，错一个的也有，不过大多是两个或三个。真题做了两遍，老蒋的真题书还是要好好看的，个人觉得很有用。英语一只是翻译了比较好的句子，英语二做了全篇的翻译。翻译的作用还是很大的，可以发现一些单词经常作为考点的生僻义以及自己理解的死角。做完真题之后开始了老蒋的四套模拟，模拟跟真题真的不一样，错了很多，最多的一套错了九个，然后就拼命地告诉自己，这不是真题，没事的。后来就干脆不做了，又重新看真题，有空就看。

英语作文大约是 10 月份开始的，看王江涛的视频，背诵大小作文，每天早起一篇，背过后在本子上默写。我英语底子不太好，所以英语从头到尾一直在看，到最后每天早起单词，阅读，作文反复读、反复背。还有翻译和完形填空，是 10 月份到 11 月份看的，也是跟着新东方。

从去年的英语试题来看，英语阅读真的不难，错一个甚至全对的特别多，完形填空和翻译拉不开分数，所以还是希望大家能多关注一下作文。去年大小作文的主题都和中国传统文化有关，这个主题虽然各个辅导机构的书里都有提到，但是都没有把它作为今年的重点；这个主题的文章平时也没练过，导致不少人考场上手忙脚乱。作文要多背、多写，广泛涉猎，积累不同话题的句子，还要多练字（手写印刷体、意大利斜体、花体都可以，选一个自己喜欢的就可以了）。

（2）数学

3 月份开始，先做的《分册》。这本书很容易，数学功底还好的话，做那本书就是浪费时间了。后来就直接用了《高分指南》，自己先做了一遍，因为那个时候是 3 月中旬，陈剑的视频课还没出来。这一遍书好像就做到了 6 月份。之后就直接看了他的强化课，讲得真好，有基础，有方法，有技巧，还总结了每章的常考类型。同时，把书又做了一遍。这一遍可以说过得非常细。这个时候听课是一方面，自己总结也是一方面，常见题型、常见解题方法，尤其是应用题，看着杂，其实梳理之后只有几类，搞清楚就没问题了。所以建议《高分指南》一定要琢磨透。大概做到了 10 月底，第二遍就结束了。之后买了《一千题》，每天做做题，保持感觉。我这个时候还买了陈剑的《数学真题讲解》，把真题给做了，可能因为数学进度相对逻辑、写作比较快，把数学真题做了之后，后期没法做整套的真题，缺乏整体的把握。感觉真题还是整套做比较好。

数学方面给大家的建议是不要轻敌，虽然管理类联考的数学是初高中内容，大部分都学过，但是平时练习一定要认真对待，不要觉得容易就只是随便写两笔就得到一个答案，联考的套路多，挖坑的地方也很多，必须要细心，平常练习形成正确和快捷的思维是很重要的。到了考场上，联考时间非常紧张，在这种状态下，往往就是通过第一反应来做题，根本没有时间让你反复去试方法，找思路。今年联考数学就很简单，但是挖了不少坑，这种识别出题人小心思的方法必须在平常的练习中就要练熟。数学的 25 题最好要在 50 分钟到 1 个小时之内做完。

（3）逻辑

逻辑看得比较晚，暑假才开始看，真的觉得有点晚了，暑假结束的时候论证还没开始，9 月份回来才看的，看完之后刷的《一千题》，到考完前几乎就写完了，刷题感，不过也会有瓶颈期，后来才想起要自己梳理，还是觉得自己梳理才是最重要的，要不然刷再多的题也没有效果，整理之后会感觉好很多。

逻辑虽然大家之前都没接触过，但是做逻辑题满满的都是套路。形式逻辑就是套公式，箭头一推都可以解决，这里推荐的老师是老吕。推理逻辑也有快速找突破口的方法，论证逻辑要尽量去做，形成一定的思维模式，不要放弃，这两部分推荐的老师是赵鑫全。

（4）写作

写作 10 月份才开始，听了赵鑫全、老吕、王诚的视频课，感觉赵鑫全的不太适合我，文笔要求很高，我写不出来，所以很快就放弃了。个人超级喜欢王诚老师，买了王老师的《作文真题详解》。分析思路特别好，有种授人以渔的感觉，但是自己的思维达不到，真是后悔没有早些开始跟王诚老师。老吕的课比较好上手，最后真正考试的时候综合了老吕和王诚老师吧。自己写作功底本来就不好，最后就是 30 多分的平均水平，感觉也可以了。所以建议想在作文上拿高分的，作文还是得提前看，可以不动笔，但早些形成思维是最好的。

总体感受就是每一科都要准备笔记本和错题本。数学的重点难点和错题都要写下来，英语语法、阅读、翻译听课的重点也都要记，否则听过就会模糊，再回去找要各种翻视频，还可能找不到，更浪费时间。不要只是单纯地听课，自己要学会总结，总结真的很重要。

4. 复试阶段

从准备初试的时候，我就从上一届学姐那里了解到了央财学长考研服务站，觉得针对性比较强，有学长学姐引导，沟通起来也比较方便。所以在考完初试对了答案之后，感觉自己能够进复试，就很快报了服务站。

报的一期班，1 月 4 日就开始上课了。之前初试阶段把中级财务会计的课本看了一遍，审计只看了一半。从 4 日开始，四科轮番轰炸，每天晚上听完课，把上课讲的知识过一遍，白天复习加预习。每天晚上都要到 12 点左右。自己是本专业的学生，学起来都觉得有些吃力，所以一直很是佩服群里那些跨专业的同学，他们每天付出的更多。不过幸亏有学长学姐带着，不会的都及时问他们，他们也都很热心地回答。四本五六百页的书，一期班用了一个月很快就过掉了，中间过年的时候学长学姐也给留了作业，虽然过年没上课，但那一周也没什么玩，整体学起来还比较连贯。总之有人监督着，感觉进度也比较快，方向也比较明确。

后面一直到 2 月底，就是自己看书，消化知识点。这一遍就是认认真真地很细地过书。上课学过一遍，所以过得也比较快。因为课后习题上课的时候就做了，所以这个时候就直接上手做真题了。真题里四个科目，每科 25 分，三道单选（2 * 3 分），三道多选（3 * 3 分），一道综合题（10 分）。通过做真题，感觉题目难度并不大，但是考得很细。所以每做一套真题，就回头在课本上画知识点。真题是在服务站买课赠送的，不到 20 套，每天一套刚好。

因为觉得学长学姐讲课都很好，所以 3 月份又跟着服务站的三联班学习。包括知识点串讲、习题讲解、押题和模拟面试。不得不说这一遍特别管用，是对之前学习的一个检验。听串讲，查漏补缺。中级财务会计、财务管理和成本会计主要是讲课后习题，因为真题大多就是课后习题的变形。审计学姐则是找了很多客观题、变形题让我们练，个人感觉相当于把易错点都辨析了一遍，那些模糊的点都扫清了。还有模拟面试，也挺重要的。因为自己是应届生，没有参加校招，可以说面试零经验，第一次模拟面试也是紧张得不行，但是第二次就好很多了。所以面试还是得多练。复试报班是自己最初的打算，几个月下来也觉得受益匪浅。

5. 学姐小建议

考研阶段一定要放稳心态。考研不仅考知识，更是一场心理战。我在复试的时候状态并不好，因为初试成绩不高，又总觉得自己本科出身不高，央财复试占比又太大，所以压力特别大。现在回头想想，每天的纠结都是在浪费时间。不过在这里要说一句，央财真的很公正，不存在歧视本科出身的现象。另外个人感觉考研从内容上相比高考并不难。但是难的是只能报一个学校，只能孤注一掷。而且面临放弃校招，成败与否可能还会影响未来人生道路。之前也听别人讲过考研就像在一条黑暗的隧道里前行，你不知道自己走到了哪里，也不知道别人在哪里，所以这个时候只有拼命地向前走，千万不要想太多，走到尽头的那一刻，会豁然开朗。

希望自己的经历对大家有用，也希望各位学弟学妹能如愿考上自己心仪的学校。

（二）浙江工商大学审计专硕——全丽学姐[①]

全丽学姐是一个非常认真仔细、善于总结、讲究学习方法的人，在考研期间顺利通过了 CMA 的考试，可见其对时间的安排和自我的掌控是非常成功的。学姐在这里为大家系统地论述了会计、审计专硕初试和复试的准备以及考研备考过程中的一些小建议，非常贴心。以下是全丽学姐的考研经历：

1. 关于考试准备

（1）初试准备

专业硕士的同学一般在当年三四月就开始准备基础知识了，考名校的甚至在上一年十一二月就着手开始了。而我因为前期为了准备另外一个考试，一直拖到 5 月中下旬才开始基础部分的学习。

下面简单说一下每个阶段准备的内容。这一部分网上分享经验的同学非常多，大家可以多看一些，每个人的学习能力、习惯以及对自己的目标不同，所以没有好坏之分，适合自己的就是最好的。但是准备阶段一定要心里有计划，需要详细到月和星期，若是能具体到天，那就再好不过了。

我 5 月下旬和整个 6 月都在看数学基础、逻辑基础以及背英语

---

① 全丽，安徽财经大学会计学院 2013 级审计学专业学生，考研至浙江工商大学审计专硕，本科期间曾获得校三好学生标兵、学习优秀一等奖、天健会计师事务所奖学金等荣誉，曾在浙江中铭会计师事务所证券部和浙江民丰特种纸股份有限公司审计部实习。

单词。

专业硕士数学为初等数学，高中全部都上过，再次拾起来非常快，文科生在高中的基础上还需要补排列组合的知识。

逻辑这个大家几乎都没有学过，建议买视频看，每个逻辑老师都有自己的一套方法，最好是从始至终都跟随一个老师学习。逻辑的基础学起来很快，建议将视频看两遍。

至于英语，我在基础阶段选择了一本单词量不大的单词书，每天上午两个小时记忆和背诵，在基础阶段大概背了三遍的样子。这里强调，不是单单记这个单词，而要同时背诵单词下面附带的例句和短语，要达到你一看到这个单词立马可以自己讲一个句子或者对于常用短语脱口而出的水平。第一阶段的英语实在是太痛苦了，但是如果能坚持下来，后期英语将会轻松许多。

七八月份的暑假我没有留校，在家准备另一个考试，几乎没有看考研的内容。之前背得极度痛苦的英语也放掉了两个月，以致后期英语相当于又重新来过，更痛苦。大家千万别学我，英语一旦开始了就不能中断。正常的学习进度应该是逻辑和数学的提高部分在暑假保质保量地完成，提高部分的题目至少需要做两遍。英语继续背诵单词，可以做模拟的阅读理解，但是千万不要做真题。

9 月份返校正式开始全身心地投入学习，每天至少有 7 个小时，我在这段时间内一直到初试考试，几乎没有一天是休息的，即便有时和同学出去吃饭，也是保证一天有三四个小时的时间在学习。我在冲刺阶段的学习是这样安排的。

因为暑假的缺失，我用整整一个 9 月狂补数学和逻辑的提高部分内容，这段时间因为知道跟一同竞争的同学比，自己已经落后了，所以不断督促自己要紧追猛赶，不可懈怠和放弃。

英语的单词本我换成了新东方的绿色考研单词本，这个单词量比较大，每天三个单元，一直背到考试前一天。这个时候开始做真题，一个星期一份的量。真题少而宝贵，做一套就少一套，做完要反复研读思考，真题要刷好多遍。英语作文需要自己开始准备题材和模板了。

中文写作这一部分我也是买了视频看，针对写作每个人情况不一，我觉得唯一通用的方法就是多写多练。我规定自己每个星期要至少练习两次，而且看时间写，一般要求两篇文章 50 分钟写完，达到字数要求。文章写完后可以让研友批改，互相讨论，总结经验，一起进步。

10 月中下旬就可以开始进行模拟考试了，模拟考试以上午的管理类综合为主，模拟卷子和真题卷子可以穿插进行，一开始是一周两份卷子，到了后期是一周三份。因为这一门分值占比大，考试科目多，是争分夺秒和别人拉开差距的主要部分。严格规定自己的考试时间，一旦超时就停笔，中文写作也一定要写完。有的同学可能为图省力，写作列一个大纲就不写了，这是绝对不可取的行为，列大纲和亲自写完全不一样。英语不用进行太多模拟，三个小时的时间绝对够用。

（2）复试准备

复试这一部分没有普遍的适用性，报考不同的学校复试内容可能有很大的不同。我只简单说说浙江工商大学会计、审计专硕的复试情况。

我在 8 月底确定了我要考浙江工商大学审计专硕，然后查看了一下它复试的指定书籍真的被吓到了。浙工商的会计专硕和审计专硕复试笔试部分的卷子是一样的，复试指定书籍是他们本校老师编写的五本书籍，分别是《中级财务会计》《审计学》《成本会计》《管理会计》和《财务管理》。说实话，我一个非跨考的看到这么多书也是脑袋大。据我所知，全国会计、审计专硕复试没有比五本书更多的学校了。而且我这一届是浙工商第一年复试五本书一起考，以往最多也就三本书。

因为复试科目实在太多了，我基本初试结束放松了十天左右就开始买书看起来了。关于复试笔试部分，我有如下建议：

首先，对于非跨考的同学来说，不要以为以前学过就掉以轻心，看得粗略。一定要把书上的角角落落全部看到，特别要重视书上例题和课后问题。因为涉及的书本数量多，因此难度不会特别大，所以重视理论概念的理解和背诵，重视框架性知识体系的建立，不要花费过多的时间钻研难题。浙工商卷子的难度没有超出书上例题的难度。考研不像我们本科阶段考试，研究生入学笔试更加侧重你对理论的掌握和自己的理解，老师更多地是想挖掘学生内涵的东西，而不单是懂会计算答案就可以了。

其次，登陆浙工商的官网下载历年考试真题，研究老师出题的意图，了解考试题目类型。历年真题很重要！历年真题很重要！历年真题很重要！重要的事情说三遍，历年真题将直接给予你自己看书复习的方向。

最后，如果你的人脉够广，能力够大，可以去购买浙工商本科学生用过的书或者讨要重点。因为复试书籍是他们自己老师编写的，上课的时候一定有老师特别强调的地方，有重点肯定比自己盲目看整本书好很多，这个道理大家都懂。但是也不能过分依赖老师的重点，难保下一年老师不会来一个反其道行之的下马威呢。

接下来说说面试。浙工商的面试部分虽然一个人只有短短的 10 分钟，但是这部分分数占比也非常大，甚至超过了笔试部分。10 分钟的面试有四部分的内容，分别是 2 分钟自我介绍、5 分钟材料分析、3 分钟政治问题和英语口语测试，前三个部分会给你一张纸，纸上有内容，然后给你 10 分钟的候场时间准备。

自我介绍需要介绍本科学习情况、社会实践、实习经历等内容，建议中文和英文都准备一份，虽然以前都是中文介绍，但是有备无患。

整个面试最重要的是材料分析。一般给的材料都是和会计审计相关的内容，你可以从专业的角度和非专业的角度谈谈看法。我的建议是从材料中找出两到三个关键词，然后联系学过的会计、审计、财务管理等专业知识来谈，即便是有些死板地谈学过的理论知识也可以，但同时别忘了加上“我认为”这样谈自己看法的关键语句。我个人觉得这一部分讲审计的知识会比较有内容可说，而且一定要有条理，第一怎么样，第二怎么样。材料分析没有标准答案，言之有理即可，老师的评分标准是察看学生的辩证思维、逻辑能力、语言表达以及临场应变能力。

政治这部分学校官网会在复试前一个星期放出考核内容，一般考的是很死板的东西，需要我们背诵记忆的内容，以前考过国家通过了什么文件、政府报告中政府在新的一年中要做的事情等，这一部分并不是可以主观回答的。

最后英语部分，英语是抽签，抽两个问题，你可以选择有把握的回答一个。因为我之前问到以前英语考的是比较生活化的用语，但是真的到了现场发现问的都是专业英语问题，打了个措手不及，嗯嗯啊啊了很久才憋出来几句没什么实质性内容的句子。所以英语口语这部分我是非常失败的。建议大家从初试结束后就开始积累背诵一些专业英语的单词和短语，不要像我一样如此狼狈。

2. 我给大家的一些小建议

(1) 战线切勿拉得太长

虽然考研是一个长期准备的过程，但是太长的战线会给你在精神上和生理上造成双重的压力。对于会计审计专硕，我个人建议，初试 3 月份开始着手准备基础，刚刚开始别用力太猛，否则到了后期冲刺的时候实在是有心无力了。真正的冲刺从9月份开始，前期有条不紊地打好基础可以使得冲刺事半功倍。当然，如果你要考名校，那越早准备越好，以上建议不适用。

（2）选择了就不要放弃，拒绝诱惑

考研中途放弃的人实在是太多了，一个考研教室的人，可能9月份坐满是30个人，但是到了11月份就走掉了一半，剩下的一半人里头，还有一部分人来了心却没在教室，或者在座位上沉醉于玩手机看电视剧。考研需要顽强的意志力，我们需要坚持到底的念头，拒绝逛街吃饭谈恋爱的决心以及和大冬天赖床起不来的惰性说拜拜。一辈子可能最后一次如此疯狂地学习，怎么能半途而废呢？

（3）根据自己的实际能力择校

择校这个事情关键在你，别人说得再多也只能是建议，最后拍板的还是自己。择校一定要根据自己能力来，过于好高骛远只能摔得更惨。当然我不是说不可以报名校，如果理性全面权衡自身能力，以及结合目前的复习情况后觉得我很有把握考一所985或者211名校，那么就大胆地搏一把。但觉得信心不足，能力不够，仅仅只是想要获得一个继续深造的机会的话，就选择一个稍稍弱势一点、稳妥一些的学校。

此外，我认为地理位置在某些时候比选学校更加重要。于我而言，和蚌埠相比，杭州是浙江省的政治、经济、文化中心，长三角地区重要的城市之一，经济发达，人才汇聚，发展前景光明。对于财会类学生而言，杭州拥有众多大型上市公司和会计师事务所，我们将有更多的实习机会和工作的选择余地。这个城市能给我带来远远超于蚌埠的优质学习资源和人脉资源，机会多多。

（4）重视弱项，及时补短板，不要瘸脚走路

及时补短板这个道理大家都懂，但是依然有人不重视自己的弱项。

对于自己强势的科目学起来往往动力十足，学习老半天也不知疲倦。但是对弱势科目存在抵触情绪，每次翻开书就没有坚持的动力。比如有的同学英语很好，但是数学是弱项。本来以为可以用英语的强势来弥补数学的短板，可是今年偏偏英语考试难度降低，大家都普遍考得不错，该考生根本无法在英语这一门上拉开差距。

（5）**规律作息，身体是革命的本钱**

学习日的作息要规律，保证不少于 7 个小时的睡眠时间，不然第二天上午困到怀疑人生实在是效率太低了。而且也不要发生下面的情况，可能有同学会在某一天晚上学习兴致高涨，熬夜学到凌晨，结果直接导致第二天上午起不来打乱了第二天一整天的学习计划，这种做法不可取。

在备考过程中可以选择在晚自习后去操场跑圈，或者约上研友去散步，适当的身体锻炼和倾诉有利于身心健康。

有人会问要不要搬出去住的问题。如果你的室友大部分都考研并且没有人生活作息特别混乱还特别爱打搅他人的话，就在寝室住吧，考研期间的寝室仅仅是一个用来睡觉的地方。倘若室友都不考研，特别是男生寝室还爱打游戏的情况，建议调换宿舍，一个安静的环境有利于学习。另外搬出去的一个重要前提就是你拥有很强的自我约束能力，且能说服学校的各级领导并顺利地办理校外住宿申请。

（6）**不要抱有侥幸心理，在准备“一战”的时候不能有“二战”心理**

在“一战”期间不要对自己手软，想着今年不行我还可以再来一次，这样侥幸消极的思想是考研大忌，大大降低了复习效率和考研成功的可能性。试想一下，“二战”的压力有多大，你的同学考研成功在学习新知识了，没有选择考研的同学已经在不断地积累实际工作经验了，还有来自家庭以及自己心理的压力都会成为学习的绊脚石。

最后祝各位同学考研顺利，如愿以偿！

安徽财经大学龙湖东校区图书馆

三、就业经验贴

农业发展银行——韦池学姐[①]

公务员、银行、事务所、国企、私企，每个毕业季都有很多同学收获自己心仪的工作。韦池学姐就读于我校会计学院审计专业，毕业后就职于农业发展银行，有着相对轻松的工作环境和优厚的工作待遇。她在大学期间有着丰富的考证经历，这不仅有利于她提升专业素养，也是毕业后求职的一大优势。韦池学姐最终选定农发行这类政策性银行，或许可以给大家找工作带来一种崭新的视角。在这里，学姐系统分享了银行和国考的备考和招聘流程，详细贴心。以下是韦池学姐的就业分享：

① 韦池，安徽财经大学会计学院 2013 级审计学专业学生，现就职于中国农业发展银行，本科期间曾获得校级三好学生标兵、综合素质奖、学习一等奖、体育活动奖、“天平杯”会计技能大赛校内奖等，曾参加毕节市审计局实习以及 2016 年度毕节市保障性安局工程审计。

1. 明确方向

新生们刚进入大学的时候总感觉什么都是新鲜的，经过一个学期慢慢适应大学的生活，那时认为毕业还是遥遥无期的。进入大二下学期之后，开始感觉到时光匆匆，没有了大一那般无忧无虑，更多了一些思考，马上进入大三，必须做出一些抉择。是就业还是考研或是保研？选择过程对你而言，也许是简单的，也许是纠结的，但我个人觉得尽可能在大三上学期做出选择，一定要清楚自己的方向。选择远远比努力重要，这样才能有条不紊地准备。大三的学生，一般应该都有自己的方向了，此刻应该是为自己的目标而努力着的时候了。

关于就业，之前已经说了，我就业的方向是银行、公务员，所以主要准备的就这两个方向，因为我不是安徽人，准备回家就业，在回家找工作期间，可以偶尔去蹭蹭本省大学的校园招聘。总的来说我给自己制订的就业三条路线：银行、国考、校园招聘。

2. 银行招聘

银行招聘的一般流程有：网申、笔试、面试、体检、签三方协议、入职培训、正式入职。感觉所有的银行只有农业发展银行比较繁琐添加了政审、总行审批、公示三个环节。

（1）网申

在各个银行招聘的网站进行网申的过程中，一定要细心，不要有错别字，语言要通顺。有的项目自己没有就不用填了，不一定非要填完，一家银行网申应该需要 1 到 2 小时，有实习经历会更有优势，尽管我的一位同学没有实习经历也过了好几家银行的网申，但是建议大学期间还是去好好实习一次，我之前去市审计局实习了一个多月，学到了很多课堂上学不到的东西。我网申了 9 家银行，过了 8 家，建行没有过，而中国银行则是报错了。

（2）笔试

商业银行笔试的内容比较多，多是选择题，100 多道题目，2 小时完成，有行测（题型上主要包括语言应用、数量关系、资料分析、图形推理、常识、类比推理、逻辑判断、时事政治等，和公务员考试差不多，就是题量缩小一点），内容上覆盖金融学、经济学、管理学、会计学、计算机、市场营销学、法律、英语，还有你报考这个银行的一些基础知识。我之前一直在准备司法考试，10 月 10 日才开始复习，到 11 月份笔试，在这期间网申，报名国考也浪费了一些时间，复习的时间算比较短，考了 7 家银行，进了 5 家，自认为我的考试能力不错。立志参加银行招聘、国考的同学可以从大三看看笔试和面试的书，面试很重要。我的银行之路主要死在面试上，从大一到大四就没有准备过面试，5 家银行只通过了 1 家，不过所幸的是我最喜欢的。我用的书是中公的《银行招聘一本通》，感觉还不错，用手机下载了它配套的 APP“有题”，看书之后刷题。但如果你想进的是中国人民银行，你复习专业课的深度就应该更深，因为专业知识考得真的很难。

中国人民银行笔试有两个部分：一个部分是行测，所有专业考的都一样；另外一个部分是专业知识，专业分会计、法律、经济、计算机。我报考的是财务岗，专业知识考的题目差不多是注会的难度，有单选、多选、判断、简答、计算、写分录，立志要考人行的小伙伴一定要好好复习专业知识，如果不看注会的书，中级财务会计、高级财务会计尽力学好。最好还是看看注会的书，做做注会的题目，做好专业知识的复习，我在考试之前找了注会的书看了几天，典型的临时抱佛脚，还好之前考初级会计师复习全面，参加会计比赛时候看了一点注会书，专业知识有点基础，通过了笔试，但可惜没有通过面试。

（3）**面试**

录用的比例一般是1∶10，就是招1个人通知10个人参加面试，竞争比较激烈。银行的面试一般分为一面和二面，一面为无领导小组讨论，二面是半结构化面试。无领导小组讨论就是6到12人在一起，这些人都是平等的，不存在谁是领导，在规定时间内大家一起讨论出一个最终结果。在无领导小组讨论中一定要树立一个全局意识，不一定要到结束你都坚持自己的看法，如果被组员说服，你赞同了他的观点放弃自己的观点也无可厚非，你善于听取别人的意见，反而可能是你加分的表现。但也不能毫无立场，做一个墙头草谁说的都对，把握一个度特别重要。在说服别人时候举例子是最好的方式，在讨论最后大家会推选一个人成为总结者，要有全局意识，推选一个比较优秀的队友，因为你们是一体的，一荣俱荣，一损俱损。如果自己有能力，毛遂自荐也可以。在讨论中切记不可以用举手表决方式进行。其他的面试经验，可以自己百度搜索，经验非常多，平时可以试一试和室友朋友辩论，这样对你以后面试好处多多，我平时这方面锻炼特别少，到面试场上特别紧张，还不知道应该怎么准备，这也是前三家银行连续面试失败的原因。

半结构化面试，就是在面试前准备一些固定的题目，面试官会根据你的回答再追问你，例如“简述你的这次实习经历”，你回答了，再追问“这次实习经历中，你遇到最大困难是什么？你怎么解决的?”还有自我介绍一定要准备好，做到表达流畅，1分钟、2分钟、3分钟版本的都要准备，尽量把自己闪光点表现出来，还有就要对自己的以往经历梳理清楚，什么是你做过的最失败事情，什么是你做过最成功的事情，这些都是对你以往经历的考察，梳理清楚回答时才能有条不紊，当然你口才好就不用担心这么多。提前模拟一下，同学提问，你回答再让他给你点评一下，多训练、多反思、多提问即可。如果内向的，口才不好的，平时训练比较少，面试真的要提前准备。我在面试之前对可各种面试类型一无所知，刚刚参加面试的时候非常紧张，遇到题目也不知道如何作答，慢慢总结，面试其实就看你与岗位的匹配度、对职业的忠诚度、情景应变能力、人际交往能力等，在面试之前一定要了解这个岗位所需要的技能、应聘者需要的品质等。对于职位的忠诚度，可能会问你有没有考研、创业的打算？一定不要掉入他设置的陷阱，如果实在不行的去报一个面试培训班吧。结构化面试就是题目固定，面试官读题或者就是给你题本，在规定时间把题目答完即可。

3. 国考

国考的主要流程是报名、笔试、面试、体检、政审、公示、签约、入职。

（1）报名

报名的时候，一定要注意职位的选择，地区的选择。这些因素都可能导致竞争程度不一样，我报考的是省城的职位，而且还是省城比较热门的一个区，上一年那个竞争高达1∶300多，今年还抱侥幸心理，前几天仅仅到1∶40多，可能是大家参考去年的，被竞争吓到，转报其他的了，在结束的前两天我报了，结果笔试分数线出来后一如既往的高，而我以几分之差，失之交臂，我同学比我低很多，在其他地方进面试了。

（2）笔试

笔试的准备时间看个人基础而定，因为我是文科生，底子还行，再加上之前一直在准备司法考试，复习时间很少，找工作的时候在银行属于遍地撒网，浪费了许多时间，没有准备多久，主要复习行测，申论全靠平时积累，不过所幸申论最后考了 60 多，也不算低分。在复习行测的时候，首先注意语言运用的积累，多记记；其次就是资料分析的掌握，因为资料分析只要你掌握方法，基本都能得分；常识考得太广，复习没有什么方法可言，平时多积累就好；逻辑判断多训练就可以；数量关系尽量放在最后，因为比较难，得分很难。至于报辅导班与否，还是那句话，看个人的情况“粉笔公考”APP 的视频课还不错，可以试一试。笔试的时候一定要带一块表，还有平时养成一个题用一分钟的习惯，我考试的那个考场居然没有钟表，而我在做题的时候遇到几个比较纠结的题目，花在上面的时间有点多，等离考试结束只有 15 分钟的时候，老师才提醒，那时候我还有很多的题目没有做，后面时间比较短，紧张情况下为了保证准确率，做题效率更低，最后占分比较多的资料分析居然没有时间，而数量关系也没有做几个，差不多有 30 多分的题目全部乱蒙的，考完对答案，做了的题目得分率达 80%，但等分数出来，我蒙只得了 2 分，以后如果蒙答案建议全部选一个选项吧，这样得分概率比乱蒙要高。

(3) **面试**

我没有进面试环节，我的同学中进面试的大多去报了一个辅导班，如果感觉自己面试比较弱的同学可以去报个辅导强化班试一试。

4. 校园招聘

校园招聘一般流程是宣讲会（有的会省略）、投简历、笔试（也有可能省略）、面试。我去我们省的高校参加了几次现场招聘，第一次没有合适的企业就没有投。第二次去投南方电网，因为不是 211，说简历证书我们先收下，但因为你不是 211，没有电力背景，我们不一定会给笔试机会。第三次，就投了 4 份简历，中铁二十五局因为我不是本校，拒收。其他的三家因为投的都是本地的企业，下午都收到了面试通知，但因为时间和银行的面试冲突，放弃了一家，另外两家企业都在同一天，放弃了一家，去了一家国企建筑集团面试财务岗。人事处和财务处的几个领导面试，之后通知签三方协议，和家里沟通之后，觉得女生去工地不好，最后拒绝了。

5. 学姐小建议

找工作最好从秋招开始，就像有的银行，秋招没有进我可能还有春招的机会，这样机会要多一些。多注意总结自己面试中遇到的问题，再去一个个消灭，面试中再遇到同样的问题便能迎刃而解，相信工作总会有的。能在秋招中解决就业问题当然是最好的，大四下学期便没有了后顾之忧，能够更加自主地安排时间，如果不行还有春招、省考、选调生，机会还是比较多，慢慢来就好，不要急于一时，如果毕业前还没有就业，下一年银行还是能考的。现在就业压力那么大，也不要太眼高手低，根据自己实力来选择。祝同学们顺利找到心仪的工作！

四、考证经验帖

考证小达人——韦池学姐

大学期间，为了拓展专业知识，提升专业能力，也为就业奠定更好的基础，韦池学姐在专业证书和相关证书的考取上成果丰硕，也希望将自己考证的经验分享给大家。以下是韦池学姐的考证经验和建议：

1. 考证的意义

谈及就业问题，对于我们在校学生能准备的事项之一便是考证，但也纠结很多考证问题。考吧，担心找到的工作用不上，白白浪费了自己的时间精力；不考吧，担心找工作的时候没有优势。

在大学我考了英语四级、计算机二级、会计从业资格证、初级会计职称、银行从业资格证、证券从业资格证、基金从业资格证和驾照，还参加了 2016 年的司法考试，但不幸司考没有通过，继续准备二战，强调一下英语六级很重要！

第一，考证要结合自己的专业和未来的职业生涯规划，并且在不影响自己学业的情况下，考一些证书是有益无害的。最好根据自己的能力考一些含金量比较高的证书，像证券从业资格证是比较简单的，复习时间不长。第二，切记不可盲目乱考！浪费时间、精力和金钱。第三，不能因为考证耽误了你的学习，挂科记录会让人质疑你的学习能力，即使你说我有证书可以证明我的学习能力，但这样不就显得你本末倒置、不分轻重了吗？

我是审计学专业的，结合我的专业优势以及兴趣，就业方向选择了银行、公务员（国考报考国税，省考报考审计、财政、地税等）。最后对比了一下，选择去农发行，放弃省考。考公务员的时候，几乎不考虑证书，报考法院、检察院需要通过司法考试；银行需要什么样证书，大二的时候通过向已经就业的学长学姐以及网络了解，做出了一些规划。但找工作的时候，银行比较看重笔试、面试，证书这些很少看，也很少问，除了交通银行面试时问我们四、六级分数，农业发展银行问我有哪些资格证书之外，其他的 3 家银行都没有问，我也曾怀疑我考这些证书有什么用。我请教我分配到的那个支行的主任说，“银行从业资格证虽然录用时候不一定非要你有，但我行要求新进的员工 2 年之内考取，有的证书到需要用的时候，你已经工作了，干扰因素比较多，没有那么多时间去看书，难度也大了，很多人考了几次都没有在规定时间过，后面被扣了一些工资。而你考的基金从业资格证，我们有基金业务，也需要用到”。所以到现在为止，我并没有后悔我考的每一个证书。

2. 明确方向，合理规划

首先，考证过程使我对这几个相关学科都有了一个了解，虽然是浅薄的了解，但如果真到需要用的时候，我再深入钻研，会比一般生手容易得多。其次，在找工作、网申和面试的时候我会有底气得多，去不同的单位我会根据岗位的不同需求，拿出相关的证书，人无你有，这样的话，同等条件下，觉得自己更有优势。再次，证书使职业选择具有更多的主动性，可以选择去企业做一个会计、可以去银行、可以考虑去做法务（当然还得继续学习法律知识）、从事公务员……如果我在一个岗位上不适合，离职之后依靠自己的技能，依然能找到下一份工作。最后，更能适应工作变更，拿我即将入职的中国农业发展银行来说，在分配工作地点之后，我联系到了我未来同事，了解到我们支行会让员工在办公室、信贷部、会计部等部门。办公室事情比较杂暂且不说；如果去会计部，我可以发挥自己的专业优势，工作更好上手；到信贷部我略微懂一些合同法、债法知识，通过银行从业考试掌握一些信贷知识，再到信贷部轮岗也会轻松许多；如果以后在银行做不下去了，还可以去企业做会计。

3. 考证的方法

我觉得一般的证书是不需要报班的，我没有报过任何辅导班，报班会节约一点复习时间，但以安财学生的智商，我相信一般的证书，认真看书就能通过，当然难的考试，比如司法考试，你可以去听听老师的公开课。如果自律性不高的人，家里经济条件也可以，花几万报一个面授的辅导班也是可以的。其他证书从经济实惠的角度来说还是算了吧，认真看书，听听视频就能过了。

（1）英语四六级：对于我这个英语不太好的人，我只能说一点，能过尽早过了吧。

（2）计算机二级：我们学校都开了 access 这门课，个人觉得选择在学完这门课的第二学期报考最好。已经学了一个学期，通过期末考试，再复习难度比较小，通过率较高，越往后忘记的东西越多，我到大三才考，忘记的东西真的很多，复习也吃力一些。

（3）专业证书——会计从业资格证，初级会计职称：因为学的是会计专业的，老师上课都已经讲得很仔细了，随便看看书就过了，会计从业资格的电算化看看视频就可以，看书的话只会看得你一头雾水，注意财经法规多背背。（会计从业资格证于 2017 年 11 月 5 日取消。）

（4）相关专业证书——银行从业、证券从业、基金从业：知识关联度比较高的证书最好一起考。我银行从业、证券从业、基金从业在大三上学期的 10、11、12 月考过，因为里面有一些知识点是重合的，比如反洗钱，都有考到。对于这三个证书，天一文化开发了 APP，可以下载安装到手机和电脑上刷题，你们可以自己去搜一下。我考证一般不买题目只买书，题目考过就没有用了，反正网上可以下题库，学校的网上图书馆数据库也有题目，要善于利用好资源。买书以后也可以留着看看，学习一些基础知识。大三上学期考到证书比较多，基本一个月一个，9 月考了计算机二级，一个学期 4 个证书，那个学期也因为考证多，也耽误了不少时间，虽然没有挂科，但成绩也差了一点，最终没有拿学习奖学金。如果你兼顾不了学习情况下，不要这样。

（5）重量级证书——司法考试：含金量真的高！不过 2017 年是非法学专业本科能够参加考试的最后一年，估计大部分人是没有机会啦。

（6）社会技能证书——驾照：是为了以后生活方便需要才考的，最好选择在没有什么课的时候考，因为教练集训的时候，如果你有课真的必须要逃课，会影响学习的。

关于考证，考一些和你就业、专业相关的可以，但不要考太多太杂，一定还是以专业学习优先。

安徽财经大学图书馆一角

后　　记

孙佳丽

《致敬安财》书稿开始写作于2016年11月，我被推荐免试攻读硕士研究生成功，暂离校园在会计师事务所进行为期4个月的实习。毕业在即，我对母校的留恋和热爱与日俱增，于是着手写作此书；2017年4月初稿完成，历时6个月，站在毕业季这一节点回顾四年大学生活，在追忆中重走了一遍大学路，以此献礼母校，致敬我的大学时光。

个人平时喜欢写日记、喜欢总结、喜欢分享，无论是实习加班到深夜还是做毕业论文的忙碌毕业季，我都将自己的每日心得记录在微博里。在母校安徽财经大学度过的最后一段时间，幸运地得到了老师们的充分肯定和学弟学妹的信赖认可，邀请我参加各种活动，分享我保研成功的体会，特别是时常在深夜为学弟学妹们分享关于保研、考研、就业等方面的相关经验。作为安徽财经大学的一分子，大学四年的时光是我人生中一段华丽的篇章，我个人的成长和蜕变离不开学校和老师的培养。作为一名“安财人”，作为一个深爱着安财的学子，将母校滋养予我的知识甘露和经验成果加上优秀学长学姐的经验，分模块呈献给后来者。我以“过来人”的身份，抱着“摆渡人”的心态，尽自己的绵薄之力为学弟学妹们提供些许帮助，则是我写作此书的初衷和最大动力。

在本书的撰写以及得以付梓过程中，承蒙母校各位领导和老师的大力关注以及支持，在此特别感谢安徽财经大学党委宣传部、党委学工部各位老师、会计学院党委书记郭成老师、党委副书记孙小龙老师、安徽财经大学“聚力”名师工作室首席专家沈红艳老师、辅导员张慧慧老师。

祝愿每位“安财人”都能够为安徽财经大学的发展注入更为新鲜的活力，也谨以此书作为最好的毕业礼物献给我最最亲爱的母校——安徽财经大学。

祝愿母校桃李满天下！

2017 年 10 月 1 日

多家媒体报道我校毕业学子“九万言书”

赵珂珂 整理

6 月 14 日，安徽财经大学校园网一则《真情告白致敬母校——会计学院学子孙佳丽“九万言书”寄情母校》的新闻，通过安徽财经大学官网和自媒体迅速扩散，中国日报网、中国青年网等多家媒体予以关注和报道。

安财官网：

http：//www. aufe. edu. cn/s/1/t/21/9a/14/info104980. htm ? from=timeline

中青在线：

http：//m. cyol. com/content/2017－06/15/content _ 16192494. htm

安徽校媒联盟：

http：//mp. weixin. qq. com/s/b45ho2aYW4NkTf5LBGczlQ

中安在线：

http：//ah. anhuinews. com/system/2017/06/16/007646473. shtml? from=timeline

澎湃新闻：

http：//m. thepaper. cn/newsDetail _ forward _ 1709323? from = singlemessage

中国日报网：

http：//cnews. chinadaily. com. cn/2017—06/15/content _ 29758200. htm

中国青年网：

http：//d. youth. cn/sk/201706/t20170615 _ 10078653 _ 1. htm

央广网：

http：//edu. cnr. cn/list/20170616/t20170616 _ 523804036. shtml

中国网：

http：//media. china. com. cn/yqfw/2017—06—15/1069735. html

中国江苏网：

http：//review. jschina. com. cn/redianhuati/201706/t20170616 _ 656438. shtml

闽南网：

http：//www. mnw. cn/edu/renwu/1745136. html

北京时间：

http：//item. btime. com/319bjlvosai9rurl48t4kgdqd0f

人民政协网：

http：//1ll. www. rmzxb. com. cn/c/2017—06—15/1594538. shtml

长城网：

http：//news. hebei. com. cn/system/2017/06/16/018332413. shtml

央视网：

http：//news. cctv. com/2017/06/15/ARTIRpqu0HepqLMQopdDHvc8170615. shtml

大众网：

http：//www. dzwww. com/xinwen/guoneixinwen/201706/t20170615 _

16047009. htm

星岛环球网：

http：//news. stnn. cc/shwx/2017/0615/440435. shtml

百家号：

https：//baijiahao. baidu. com/po/feed/share? wfr=spider&for=pc&context =% 7B% 22sourceFrom% 22% 3A% 22bjh% 22% 2C% 22nid%22%3A%22news _ 3275139369770841258%22%7D

搜狐新闻（中国新闻网）：

http：//www. sohu. com/a/149058409 _ 737391

图书在版编目(CIP)数据

致敬安财/孙佳丽著. —合肥:合肥工业大学出版社,2018.6
ISBN 978-7-5650-4045-0

Ⅰ.①致… Ⅱ.①孙… Ⅲ.①大学生—学生生活 Ⅳ.①G645.5

中国版本图书馆 CIP 数据核字(2018)第 133464 号

致 敬 安 财

孙佳丽 著　　　责任编辑 疏利民

出 版	合肥工业大学出版社	版 次	2018 年 6 月第 1 版
地 址	合肥市屯溪路 193 号	印 次	2018 年 7 月第 1 次印刷
邮 编	230009	开 本	710 毫米×1010 毫米 1/16
电 话	总 编 室:0551-62903038	印 张	15
	市场营销部:0551-62903198	字 数	184 千字
网 址	www.hfutpress.com.cn	印 刷	安徽联众印刷有限公司
E-mail	hfutpress@163.com	发 行	全国新华书店

ISBN 978-7-5650-4045-0　　　定价:32.00 元